내가 네게 명한 것이 아니냐? 마음을 강하게
하고 담대히 하라. 두려워 말며 놀라지 말라.
네가 어디로 가든지 네 하나님 여호와께서
너와 함께 하느니라. (Joshua 1:9)
　단킨더 형제님께
　정 상 일 (David Chung)

한국어 3

한국어

3

연세대학교 한국어학당 편

연세대학교 출판부

일 러 두 기

　한국어3은 한국어를 배우고자 하는 외국인과 교포 성인을 위한 중급 단계의 책으로서, 생활 회화를 내용으로 하고 있다. 한국에서 생활하는 데 꼭 알아야 할 주제를 중심으로 하여 썼으며, 한국의 문화와 사고 방식을 소개함으로써 한국학을 전공하려는 사람들에게 많은 도움을 주려고 하였다.

　구성은 산문, 대화, 새 단어, 문법, 문형 연습, 색인으로 되어 있다.

　대화는 10과로 되어 있고, 각 과는 다섯 항으로 되어 있으며 첫 항은 산문, 그 다음의 항들은 6개의 문장, 3개의 대화로 구성되어 있다.

　어휘는 빈도수에 따라 단계적으로 제시되어 있으며, 그 주제에서 꼭 알아야 할 어휘를 선정하여 썼다.

　새 어휘는 대화 아래 보임으로써 쉽게 알아 보도록 하였으며, 한 단위에 52개, 총 520개의 단어를 다루었다.

　앞에서 다룬 어휘를 뒤에서 반복함으로써 습득을 용이하게 하였다

　문법은 외국인이 쉽게 습득할 수 있는 체계에 의하여 집필하였고, 난이도를 고려하여 기본적인 것에서부터 단계적으로 다루었다.

　각 항에서는, 본문에 나온 문법 요소를 개별적으로 설명하였고, 이를 종합하여 체계를 보였다.

　문법의 설명은 외국 학생의 이해를 돕기 위해서 사용법상의 문제, 학생 모국어와의 관계를 고려하였고, 어떤 상황에서 그것이 쓰이는가를 알도록 하였다. 그리고 그 문법 설명의 이해를 돕기 위하여 적절한 예문을 제시하였다. 문법 예문에 나오는 새 단어는 새 단어로 간주하지 않아 단어색인에 이를 넣지 않았다.

　　문형 연습은 학습자가 언어를 자유롭게 쓸 수 있게 하고, 외부 자극에 의하여 언어 반응이 자동적이고 습관적으로 나타나게 하기 위하여, 문형 연습항을 따로 두었다.

　　문법상의 특성을 구문 구조 안에서 익힘으로써 문법 지식이 실제로 언어 수행으로 나타날 수 있게 할 뿐만 아니라, 음운 규칙을 알고 어휘의 습득을 돕고자 하였다.

　　문형에 적합하고 꼭 필요한 어휘는 새 단어로 주었으며, 이것은 색인에 넣었다.

Introduction

한국어3 is a intermediate level textbook for foreigners and adult overseas Koreans who wish to learn Korean. As such, its contents are designed to exemplify everyday conversation. We have written it bearing in mind those topics and situations, a knowledge of which is essential for living in Korea. By introducing Korean culture and the Korean way of thinking, we have also attempted to aid those who intend to major in Korean Studies.

The 구성 or STRUCTURE section is composed of Conversations, New Vocabulary, Grammar, Pattern Exercises, and an Index.

The 대화 or CONVERSATION section is made up of 10 lessons, where each lesson has five sub-divisions, the first sub-division is a prose text, and each of the following sub-divisions has 6 lines (3 conversational exchanges).

The 어휘 or VOCABULARYS are introduced in steps according to their frequency, and for each topic we have selected those words most essential to conversation on the topic. New words are listed below each new conversation in order to facilitate recognition, and each unit has 52 words for a total of 520 words.

The 문법 or GRAMMAR section has been edited according to a system readily learnable by foreigners, and grammar has been graded according to the level of difficulty: grammar is introduced in steps from the easier and more basic to the more advanced and difficult. Each sub-division introduces and explains the new grammatical elements which appear in the conversations, the aggregate of these explanations making up a systematic whole.

The grammatical explanations 1) are designed to help the foreign student with problems of usage, 2) take into account the student's mother tongue, and 3) strive to show how the patterns are used and under what circumstances. In order to aid the foreign student's understanding of the grammatical explanations, each is furnished with additional illustrative examples. New vocabularys appearing in the example sentences are not treated as NEW VOCABULARY, and are not listed in the INDEX.

The 문형연습 or PATTERN EXERCISES are designed to allow the learned to use the language freely. We have included a separate PATTERN EXERCISE section in order to bring the learner to the point where external stimuli evoke proper linguistic responses automatically and freely. By practicing grammatical peculiarities within sentence structures, we have strived not only to convert the student's knowledge of grammar to actual linguistic practice, but to help the student to acquire new vocabulary and master the phonological rules of the language. Words deemed necessary for the illustrated patterns are given as NEW VOCABULARY, and are listed in the INDEX.

차   례

Contents

한국어 3

제 21과

하숙 생활

1

　얼마 전에 하숙을 옮겼다. 그동안 살던 집은 교통이 불편해서 지하철이 있는 곳으로 이사를 했다.

　집을 보러 다니는 일은 생각보다 훨씬 어렵다. 방이 괜찮으면 값이 비싸고 값이 괜찮으면 이것 저것 문제가 많다.

　내가 이사한 곳은 주택가에 있어서 조용하다. 이 집에서 하숙을 하기로 한 이유는 감나무 때문이다. 소개하는 사람과 함께 마당에 들어섰을 때 나는 구석에 있는 감나무를 보았다. 푸른 잎, 넓은 그늘, 마치 고향집에 온 기분이었다. 어머니가 방문을 열고 "이제 오니?"라고 하실 것 같았다. 나는 두말 않고 이 집으로 정했다.

　하숙비는 좀 비싼 편이지만 음식도 입에 맞고 목욕도 아무때나 할

훨씬	by far	감나무	persimmon tree	마당	yard
들어서다	to walk into	두말 않고	without another thought	정하다	to decide
하숙비	boarding expenses	무엇보다도	above all		

수 있어서 편하다. 무엇보다도 하숙생이 나밖에 없어서 한 가족처럼 대해 주는 것이 좋다. "방도 마음에 들어야 하지만 하숙집 주인을 잘 만나야 할텐데……"하고 걱정을 했는데 아주 다행이다.

  집을 떠나 있으니까 가족이 더 그립다.

  혼자서 식사를 할 때, 빨래를 할 때, 아플 때는 더욱 집 생각이 난다. 그러나 나는 될 수 있는 대로 이 집에 오래 있으려고 한다. 하숙을 구하고 짐을 싸고 이사를 하는 일은 보통 일이 아니기 때문이다.

대하다　　　　to treat　　　　　　다행이다　　to be fortunate
될 수 있는 대로　if possible

2

영　수 : 하숙을 하려고 하는데 이 근처에 좋은 방이 있습니까?
복덕방 : 마침 길 건너에 깨끗한 방이 하나 나왔어요.
영　수 : 하숙비는 한 달에 얼마입니까?
복덕방 : 독방이니까 30만 원은 주어야 될 겁니다.
영　수 : 그 이하는 없나요?
복덕방 : 있기는 있지만 방이 그만 못해요.

독방　　single room　　　　　　　이하　　less than

3

아주머니 : 이 방은 햇볕도 잘 들어 오고 아주 조용합니다.

영   수 : 자동차 소리가 들리지 않아서 좋군요. 그런데 식사는……?

아주머니 : 아침하고 저녁만 드립니다. 빨래는 자기가 해야 하고요.

영   수 : 방이 마음에 드는데 언제 들어올 수 있나요?

아주머니 : 비어 있으니까 아무 때나 오세요.

영   수 : 그러면 내일 짐을 가지고 와도 되겠네요.

햇볕   sunlight   비다   to be vacant

4

영   수 : 아주머니, 은행은 집에서 가까운가요?

아주머니 : 길을 건너서 조금만 가면 있으니까 가까운 편입니다.

영   수 : 식사는 언제 하지요? 시간을 알았으면 좋겠네요.

아주머니 : 보통, 아침은 일곱 시쯤 먹지만 저녁은 일곱 시에서 여덟 시 사이에요.

영   수 : 좋습니다. 그런데 저어, 손 좀 씻고 싶은데요.

아주머니 : 목욕탕은 바로 현관 옆에 있습니다.

편 side   사이 between   씻다 to wash   목욕탕 bathroom   현관 vestibule

⑤

영   수 : 다녀오겠습니다.

아주머니 : 아니 벌써 나가세요?

영   수 : 볼 일이 좀 있어요. 오늘은 늦을 것 같으니까 기다리지 마
         세요.

아주머니 : 그럼 저녁상은 차려 놓지 말까요?

영   수 : 예, 그리고 신문사에서 전화 오거든 두 시에 간다고 해 주
         세요.

아주머니 : 그렇게만 전하면 됩니까?

차리다   to set   신문사   newspaper agency   전하다   to inform

Lesson 21

Life in a Boarding House

1

Not long ago I moved to a different boarding house. Traffic was bad at the house I had been living in, so I moved here where there is a subway.

Looking for a place was a lot harder than I thought it would be. If the room was alright the rent would be too expensive and if the rent was alright there would be lots of other problems.

The place I moved to was on a residential street so it was quiet. The reason I chose this house to board in was because of the persimmon tree. When I came out into the yard with the person who was showing the place, I saw the persimmon tree in the corner. With the green leaves and the wide shade I felt like I was at home back in my home town. It seemed like my mother would open the door any moment and say "Oh, so you are finally home." I didn't have to think twice. I chose the house.

The boarding fee for the house is on the expensive side but I like the food and I can bathe whenever I want. The best thing is that there aren't any boarders other than myself and they treat me like one of the family. I worried that "the room is alright but what about the owner?" I was lucky though.

Now that I am away from home I miss my family even more.

When I eat alone or do my laundry or I am sick I am even more homesick. If possible I want to stay in this boarding house for a long time. It's no easy thing to find a place, pack up all of your things and move.

2

Young-su : I am looking for a boarding house. Is there a good one in this neighborhood?

Realtor : A good clean one finally just came up across the street.

Young-su : How much is the rent for one month?

Realtor : Because it is a single room you have to pay 300,000 won.

Young-su : Isn't there anything for less?

Realtor : Well, there are some but the rooms aren't as nice.

3

Land lady : The sun comes into this room and it is very quiet.

Young-su : It is nice! You can't hear any cars. But what about eating?

Land lady : They give you breakfast and dinner. You have to do your own laundry.

Young-su : I like the room. When can I move in?

Land lady : It's vacant now so you can move in any time.

Young-su : Then I guess I can get my stuff and move in tomorrow.

4

Young-su : Excuse me. Is the bank near here?

Land lady : It's fairly close. All you have to do is cross the street and go little bit.

Young-su : When are the meals? I'd like to know the times.

Land lady : We usually eat breakfast around 7:00 but dinner can be anytime between 7:00 and 8:00.

Young-su : Good. But, well, I'd like to wash my hands.

Land lady : The bathroom is right next to the hall.

5

Young-su   :   I'm going.

Land lady   :   What? You're already leaving?

Young-su   :   I have some things to do. I'll probably be late today so don't wait for me.

Land lady   :   Then I shouldn't make dinner for you, right?

Young-su   :   Yeah, and when the newspaper calls, tell them that I'll be there at 2:00.

Land lady   :   Is that all that I need to say?

문 법

21. 1 G1   -(으)ㄹ텐데

• This is a conjunctive ending which shows intention or supposition on the part of the speaker. The first clause provides background or situation for the second clause.

예: 피곤하실텐데 좀 쉬십시오.   You must be tired. Plese rest.

바쁘실텐데 이렇게 와   You must be busy. Thank you for coming
주셔서 감사합니다.   this way.

집에서 부인이 기다리실텐데   Your wife is probably waiting at home.
빨리 가보세요.   Please go quickly.

내일 시험을 볼텐데 공부를   I'm going to take a test tomorrow
안 해서 걱정입니다.   but I'm worried because I haven't studied.

오후 5시가 되면 문을   I think they close the door at 5:00.
닫을텐데요.

21. 2 G1   -기는 -지만

• This form acknowledges the action or condition stated in the first clause but shows strong doubt or feelings of impossibility in the second clause. The verb in the first clause is repeated twice.

• 하다 can replace the second repetition of the verb.

예: 이 물건이 좋기는 좋지만 우리
형편에는 안 맞아요.

These are good but in our situation they don't fit.

급하기는 급하지만 서두를
필요는 없어요.

Sure it is urgent but there is no need to rush.

자신이 없긴 하지만 한번
해 보겠어요.

I'm not very confident but I will give it a try.

일을 빨리 하긴 하지만 실수가
많아요.

He does works fast but he makes a lot of mistakes.

부탁하기는 했지만 해 줄 것 같지
않아요.

I did ask him but it doesn't look like he will do it.

21. 2 G2 -만 (못)하다

• -만 못하다 is used when the subject does not compare favorably with something. When the comparison is favorable -만하다 is used.

예: 외제가 국산만 못하군요.

Foreign products aren't as good as those made here.

호텔이 좋아도 내 집만
못해요.

The hotel is nice but it doesn't compare to home.

이게 먼저 것만 못해요.

This isn't as good as the first one.

형만한 동생이 없다.

No younger brother can match an older brother.

키는 나만하고 얼굴은
까무스름하고, 안경 쓴 사람이
왔었어요.

Someone came who was my height with a swarthy face and glasses.

21.4 G1 군말

• These words are unnecessary expressions and do not have a grammatical relations with the other words in the sentence. But they are used as fillers in a pause in a conversation to express feelings of uncertainty, irritation, hesitation, awkwardness, etc. Words like 저, 그, 저기, 글쎄, 음, 뭐, 가만있자, 있잖아 fall into this category.

예: 저, 말씀 좀 묻겠습니다.	Uh, let me ask a question.
글쎄, 어디 좀 더 생각해 봅시다.	Well uh, let me think about that.
하라는 대로 했지요, 뭐.	Well uh, I did what you asked.
가만 있자, 그 사람 이름이 뭐더라.	Uh, let's see. What was that person's name?
왜 있잖아, 그 잘 생긴 가수말야…….	You know, the good looking singer.

21.4 G2 -싶다

• This verb can't be used by itself. It must be used with another verb. When used to show desire it follows the conjunctive ending -고, i.e. -고 싶다(See 2.3G3). When used to show hope it is used with -었으면, i.e. -었으면 싶다. When used to show conjecture it is used with -을까, -은가, -지, i.e. -을까 싶다, -은가 싶다, -지 싶다.

예: 그 사람 한 번 만났으면 싶어.	I hope I can meet him sometime.
그 결과가 어떻게 나올까 싶어요?	I wonder how it will turn out.
지난 일들이 꿈인가 싶지요?	What happened seems like a dream, doesn't it?

주말이니까 집에 없지 싶어서 안 갔어요.	Since it was a weekend I thought he wouldn't be home so I didn't go.
내가 왜 이러나 싶을 때가 있어요.	There are times when I wonder why it is like this.

21.5 G1 -어 놓다

• This auxiliary verb is combined with action verbs. It shows that the action of the verb has been completed and the resulting condition continues.

예: 창문 좀 열어 놓으세요.	Please leave the window open.
그림을 그려 놓고 설명해 봐요.	Please draw a picture and then explain it.
책을 펴 놓고 뭘 하고 있니?	What are you doing sitting there with your book open?
은행에다가 돈을 맡겨 놓고 씁니다.	I put my money in the bank and then use it.
값이 오르기 전에 미리 사 놓았으면 좋겠어요.	I wish I could buy some before the prices go up.

21.5 G2 -거든

• This conjunctive ending shows that the action or condition stated in the first clause provide the condition or assumptions for the second clause. The second clause is usually a command, proposition or promise.

예: 돈이 모자라거든 저한테   If you don't have enough money, tell me.
　　애기하세요.

　　힘들거든 쉬었다가 하세요.   If it is hard then rest a little and then do it.

　　좋은 일이 있거든 알려 주세요.   If anything good happens let me know.

　　값이 적당하거든 삽시다.   If the price is OK let's buy it.

　　마음에 안 들거든 그만 둡시다.   If you don't like it let's stop.

유형 연습

21. 1 D1

(보기) 선 생 : 이것은 누가 마시던 커피입니까? (김 선생님)
　　　 학 생 : 이것은 김 선생님이 마시던 커피입니다.

1) 선 생 : 이것은 누가 쓰던 만년필입니까? (형)
　 학 생 : 이것은 형이 쓰던 만년필입니다.

2) 선 생 : 아까 하던 일을 언제 다 끝냈어요? (20분 전)
　 학 생 : 아까 하던 일을 20분 전에 끝냈어요.

3) 선 생 : 사무실에서 전화를 걸던 사람이 누구에요? (조 선생님)
　 학 생 : 사무실에서 전화를 걸던 사람이 조 선생님이에요.

4) 선 생 : 잘 나오던 TV가 왜 갑자기 꺼졌어요? (전기가 나가서)
　 학 생 : 잘 나오던 TV가 전기가 나가서 갑자기 꺼졌어요.

5) 선 생 : 잘 놀던 아이가 왜 갑자기 울어요? (어머니가 나가니까)
　 학 생 : 잘 놀던 아이가 어머니가 나가니까 갑자기 울어요.

21. 1 D2

(보기) 선 생 : 왜 그분이 화가 났어요? (친구의 농담)
　　　 학 생 : 그분이 화가 난 이유는 친구의 농담 때문이에요.

1) 선 생 : 왜 그 학생이 일찍 일본으로 돌아갔어요? (누나의 결혼식)

학 생 : 그 학생이 일찍 일본으로 돌아간 이유는 누나의 결혼식 때문
이에요.

2) 선 생 : 왜 스즈끼 씨가 한국말을 배웁니까? (회사에서 맡은 일)
   학 생 : 스즈끼 씨가 한국말을 배우는 이유는 회사에서 맡은 일 때문
입니다.

3) 선 생 : 왜 그 두 사람이 싸웠어요? (사고방식의 차이)
   학 생 : 그 두 사람이 싸운 이유는 사고방식의 차이 때문입니다.

4) 선 생 : 왜 선희가 기숙사에서 살아요? (학교에서 가깝다)
   학 생 : 선희가 기숙사에서 사는 이유는 학교에서 가깝기 때문입니다.

5) 선 생 : 왜 케빈 씨가 상을 탔어요? (성실하게 노력했다)
   학 생 : 케빈 씨가 상을 탄 이유는 성실하게 노력했기 때문입니다.

21. 1 D3

(보기) 선 생 : 바쁘시겠습니다 / 와 주셔서 고맙습니다.
      학 생 : 바쁘실텐데 와 주셔서 고맙습니다.

1) 선 생 : 교통이 복잡하겠습니다 / 일찍 출발할까요?
   학 생 : 교통이 복잡할텐데 일찍 출발할까요?

2) 선 생 : 최 선생님은 지금 외출중이겠습니다 / 가지 마십시오.
   학 생 : 최 선생님은 지금 외출중일텐데 가지 마십시오.

3) 선 생 : 5월이 되면 꽃이 피겠습니다 / 그 때 사진을 찍읍시다.
   학 생 : 5월이 되면 꽃이 필텐데 그 때 사진을 찍읍시다.

4) 선 생 : 다음 학기에 이 책이 필요하겠습니다 / 미리 준비하십시오.
   학 생 : 다음 학기에 이 책이 필요할텐데 미리 준비하십시오.

5) 선 생 : 그곳은 시끄럽겠습니다 / 공부할 수 있겠습니까?
   학 생 : 그곳은 시끄러울텐데 공부할 수 있겠습니까?

21. 1 D4

(보기) 선 생 : 이번 시험을 잘 봐야 합니다.
      학 생1 : 이번 시험을 잘 봐야 할텐데요. (잘 볼 수 있다)
      학 생2 : 잘 볼 수 있을테니까 염려하지 마세요.

1) 선 생 : 비행기표를 예약해야 합니다.
   학 생1 : 비행기표를 예약해야 할텐데요. (남은 표가 있다)
   학 생2 : 남은 표가 있을테니까 염려하지 마세요.

2) 선 생 : 제 시간에 도착해야 합니다.
   학 생1 : 제 시간에 도착해야 할텐데요. (늦지 않다)
   학 생2 : 늦지 않을테니까 염려하지 마세요.

3) 선 생 : 이 일을 내일까지 끝내야 합니다.
   학 생1 : 이 일을 내일까지 끝내야 할텐데요. (제가 도와 드리다)
   학 생2 : 제가 도와 드릴테니까 염려하지 마세요.

4) 선 생 : 운전면허시험에 합격해야 합니다.
   학 생1 : 운전면허시험에 합격해야 할텐데요. (운전면허증을 딸 수
             있다)
   학 생2 : 운전면허증을 딸 수 있을테니까 염려하지 마세요.

5) 선 생 : 내일 실수하지 말아야 합니다.
   학 생1 : 내일 실수하지 말아야 할텐데요. (잘 할 수 있다)
   학 생2 : 잘 할 수 있을테니까 염려하지 마세요.

21. 1 D5

(보기) 선 생 : 대학에 들어가기가 힘들지요?
　　　　학 생 : 예, 대학에 들어가는 일은 보통 일이 아니에요.

1) 선 생 : 만원버스로 출퇴근하기가 힘들지요?
　　학 생 : 예, 만원버스로 출퇴근하는 일은 보통 일이 아니에요.

2) 선 생 : 아기를 키우기가 힘들지요?
　　학 생 : 예, 아기를 키우는 일은 보통 일이 아니에요.

3) 선 생 : 올림픽에서 금메달을 따기가 어렵지요?
　　학 생 : 예, 올림픽에서 금메달을 따는 일은 보통 일이 아니에요.

4) 선 생 : 사고방식을 바꾸기가 어렵지요?
　　학 생 : 예, 사고방식을 바꾸는 일은 보통 일이 아니에요.

5) 선 생 : 집을 마련하기가 어렵지요?
　　학 생 : 예, 집을 마련하는 일은 보통 일이 아니에요.

21. 2 D1

(보기) 선 생 : 오늘 회의에 참석해야 됩니까? (중요한 회의이다 / 꼭
　　　　　　　참석하다)
　　　　학 생 : 예 중요한 회의니까 꼭 참석해야 될 겁니다.

1) 선 생 : 내일 공부할 것을 미리 봐야 돼요? (새 단어가 많다 / 예습하
　　　　　다)
　　학 생 : 예, 새 단어가 많으니까 예습해야 될 겁니다.

2) 선 생 : 영수증을 받아 와야 돼요? (회사에 내야 하다 / 받아 오다)

학 생 : 예, 회사에 내야 하니까 받아 와야 될 겁니다.

3) 선 생 : 이 서류를 복사해야 돼요? (한 장밖에 없다 / 복사하다)
    학 생 : 예, 한 장밖에 없으니까 복사해야 될 겁니다.

4) 선 생 : 이 음식들을 냉장고에 넣어야 돼요? (쉽게 상하다 / 냉장고에
         넣다)
    학 생 : 예, 쉽게 상하니까 냉장고에 넣어야 될 겁니다.

5) 선 생 : 기차표를 예매해야 돼요? (요즘 관광철이다 / 꼭 예매하다)
    학 생 : 예, 요즘 관광철이니까 꼭 예매해야 될 겁니다.

21. 2 D2

(보기) 선 생 : 아파트가 편합니다 / 답답합니다.
       학 생 : 아파트가 편하기는 편하지만 답답합니다.

1) 선 생 : 자동차가 있습니다 / 지하철을 자주 이용합니다.
    학 생 : 자동차가 있기는 있지만 지하철을 자주 이용합니다.

2) 선 생 : 그 일을 맡아서 합니다 / 자신은 없습니다.
    학 생 : 그 일을 맡아서 하기는 하지만 자신은 없습니다.

3) 선 생 : 주차장이 있습니다 / 좀 좁습니다.
    학 생 : 주차장이 있기는 있지만 좀 좁습니다.

4) 선 생 : 그 곳은 구경거리가 많습니다 / 교통이 복잡합니다.
    학 생 : 그 곳은 구경거리가 많기는 많지만 교통이 복잡합니다.

5) 선 생 : 그 제품이 마음에 듭니다 / 비쌉니다.
    학 생 : 그 제품이 마음에 들기는 들지만 비쌉니다.

21. 2 D3

(보기) 선 생 : 두 사람의 성격이 다르지요? (친하게 지내다)
　　　 학 생 : 예, 두 사람의 성격이 다르기는 하지만 친하게 지
　　　　　　　 내요.

1) 선 생 : 이 옷이 마음에 들지요? (너무 비싸다)
　 학 생 : 예, 이 옷이 마음에 들기는 하지만 너무 비싸요.

2) 선 생 : 매일 한국 신문을 읽지요? (한자가 많아서 힘들다)
　 학 생 : 예, 매일 한국 신문을 읽기는 하지만 한자가 많아서 힘들어요.

3) 선 생 : 요즘도 일기를 쓰세요? (매일 쓰지는 못하다)
　 학 생 : 예, 요즘도 일기를 쓰기는 하지만 매일 쓰지는 못해요.

4) 선 생 : 짧은 치마가 유행이지요? (저는 입지 않다)
　 학 생 : 예, 짧은 치마가 유행이기는 하지만 저는 입지 않아요.

5) 선 생 : 두 나라의 문화가 다르지요? (뿌리는 같다)
　 학 생 : 예, 두 나라의 문화가 다르기는 하지만 뿌리는 같아요.

21. 2 D4

(보기) 선 생 : 신촌시장 / 남대문시장
　　　 학 생 : 신촌시장이 남대문시장만 못해요.

1) 선 생 : 동생 / 형
　 학 생 : 동생이 형만 못해요.

2) 선 생 : 듣기 실력 / 말하기 실력
　 학 생 : 듣기 실력이 말하기 실력만 못해요.

3) 선 생 : 서울 사람 인심 / 시골 사람 인심
　　학 생 : 서울 사람 인심이 시골 사람 인심만 못해요.

4) 선 생 : 이 식당 음식맛 / 저 식당 음식맛
　　학 생 : 이 식당 음식맛이 저 식당 음식맛만 못해요.

5) 선 생 : 백 번 듣는 것 / 한 번 보는 것
　　학 생 : 백 번 듣는 것이 한 번 보는 것만 못해요.

21. 2 D5

(보기) 선 생 : 설악산이 제주도보다 아름다워요?
　　　　학 생 : 아니오, 설악산이 제주도만 못해요.

1) 선 생 : 생수가 보리차보다 좋아요?
　　학 생 : 아니오, 생수가 보리차만 못해요.

2) 선 생 : 기숙사가 하숙집보다 편해요?
　　학 생 : 아니오, 기숙사가 하숙집만 못해요.

3) 선 생 : 택시가 지하철보다 빨라요?
　　학 생 : 아니오, 택시가 지하철만 못해요.

4) 선 생 : 사 먹는 음식이 직접 만든 음식보다 맛이 있어요?
　　학 생 : 아니오, 사 먹는 음식이 적접 만든 음식만 못해요.

5) 선 생 : 올해 경제 상황이 작년 경제 상황보다 나아요?
　　학 생 : 아니오, 올해 경제 상황이 작년 경제 상황만 못해요.

21. 3 D1

(보기) 선 생 : 이 다방은 분위기가 좋지요? (커피값)
학 생 : 예, 이 다방은 분위기가 좋군요.
그런데 커피값은…?

1) 선 생 : 요즘 집값이 많이 떨어졌지요? (전셋값)
학 생 : 예, 요즘 집값이 많이 떨어졌군요. 그런데 전셋값은…?

2) 선 생 : 이 집은 새 집이어서 마음에 들지요? (구조)
학 생 : 예, 이 집은 새 집이어서 마음에 드는군요.
그런데 구조는…?

3) 선 생 : 이 학생 발음이 좋지요? (쓰기 성적)
학 생 : 예, 이 학생 발음이 좋군요. 그런데 쓰기 성적은…?

4) 선 생 : 이 병원 환자가 많지요? (시설)
학 생 : 예, 이 병원 환자가 많군요. 그런데 시설은…?

5) 선 생 : 이 호텔 위치가 참 좋지요? (숙박비)
학 생 : 예, 이 호텔 위치가 참 좋군요. 그런데 숙박비는…?

21. 3 D2

(보기) 선 생 : 입사 시험은 언제입니까?
(다음 주 / 원서는 이번 주에 내다)
학 생 : 입사 시험은 다음 주입니다.
원서는 이번 주에 내야 하고요.

1) 선 생 : 어디에서 버스를 탑니까? (길 건너 / 토큰은 이쪽에서 사다)
학 생 : 길 건너에서 버스를 탑니다. 토큰은 이쪽에서 사야 하고요.

2) 선 생 : 언제 수술합니까? (이번 토요일 / 입원은 금요일까지 하다)
　　학 생 : 이번 토요일에 수술합니다. 입원은 금요일까지 해야 하고요.

3) 선 생 : 언제까지 등록을 해야 합니까?
　　　　　 (다음 주 / 신청서는 내일까지 내다)
　　학 생 : 다음 주까지 등록을 해야 합니다.
　　　　　 신청서는 내일까지 내야 하고요.

4) 선 생 : 음악회는 몇 시에 시작합니까?
　　　　　 (7시 / 입장은 10분 전까지 하다)
　　학 생 : 음악회는 7시에 시작합니다. 입장은 10분 전까지 해야 하고요

5) 선 생 : 대통령 선거는 언제 합니까?
　　　　　 (다음 주 금요일 / 투표는 오후 6시 까지 하다)
　　학 생 : 대통령 선거는 다음 주 금요일에 합니다.
　　　　　 투표는 오후 6시까지 해야 하고요.

21. 3 D3

(보기) 선 생 : 할 일이 많아요? (도와 주시다)
　　　 학 생 : 예, 할 일이 많은데 도와 주실 수 있나요?

1) 선 생 : 연필이 없어요? (빌려 주시다)
　　학 생 : 예, 연필이 없는데 빌려 주실 수 있나요?

2) 선 생 : 서울역에 가세요? (태워 주시다)
　　학 생 : 예, 서울역에 가는데 태워 주실 수 있나요?

3) 선 생 : 열이 많이 나요? (약 좀 사다가 주시다)
　　학 생 : 예, 열이 많이 나는데 약 좀 사다가 주실 수 있나요?

4) 선 생 : 이 문법이 어려워요? (다시 한 번 설명해 주시다)
   학 생 : 예, 이 문법이 어려운데 다시 한 번 설명해 주실 수 있나요?

5) 선 생 : 수표가 불편해요? (현금으로 주시다)
   학 생 : 예, 수표가 불편한데 현금으로 주실 수 있나요?

21.3 D4

(보기) 선 생 : 내일 회의가 취소되었어요. (준비를 하지 않다)
       학 생 : 그러면 준비를 하지 않아도 되겠네요.

1) 선 생 : 오늘 손님이 많이 오지 않아요. (음식을 조금만 준비하다)
   학 생 : 그러면 음식을 조금만 준비해도 되겠네요.

2) 선 생 : 필름이 몇 장 남았어요. (더 찍다)
   학 생 : 그러면 더 찍어도 되겠네요.

3) 선 생 : 어머니가 김치를 보내 주셨어요. (김치를 담그지 않다)
   학 생 : 그러면 김치를 담그지 않아도 되겠네요.

4) 선 생 : 담배를 끊었어요. (부인의 잔소리를 듣지 않다)
   학 생 : 그러면 부인의 잔소리를 듣지 않아도 되겠네요.

5) 선 생 : X-레이 검사 결과 아무 문제가 없대요. (입원하지 않다)
   학 생 : 그러면 입원하지 않아도 되겠네요.

21.3 D5

(보기) 선 생 : 바뀐 전화번호가 몇 번이에요? (361-3461)
       학 생 : 바뀐 전화번호가 361-3461이에요.

1) 선 생 : 지금 밖에서 들리는 소리가 무슨 소리예요? (공사하는 소리)
   학 생 : 지금 밖에서 들리는 소리가 공사하는 소리예요.

2) 선 생 : 오징어가 제일 많이 잡히는 곳이 어디예요? (울릉도 앞바다)
   학 생 : 오징어가 제일 많이 잡히는 곳이 울릉도 앞바다예요.

3) 선 생 : 저기 보이는 다리는 뭐예요? (한강대교)
   학 생 : 저기 보이는 다리는 한강대교예요.

4) 선 생 : 회의가 열리는 데는 어디예요? (5층 세미나실)
   학 생 : 회의가 열리는 데는 5층 세미나실이예요.

5) 선 생 : 미혼 여성에게 많이 읽히는 잡지는 뭐예요? (「멋쟁이」)
   학 생 : 미혼 여성에게 많이 읽히는 잡지는 「멋쟁이」예요.

21.4 D1

(보기) 선 생 : 요즘은 휴가철이어서 예약을 해야 해요.
            (여행사 전화번호가 몇 번이다 / 지금 알아 보다)
       학 생 : 여행사 전화번호가 몇 번이지요? 지금 알아 봤으면
            좋겠네요.

1) 선 생 : 좋은 하숙집을 찾았어요. (장소가 어디이다 / 빨리 가 보다)
   학 생 : 장소가 어디지요? 빨리 가 봤으면 좋겠네요.

2) 선 생 : 내일 소풍을 가기로 했어요. (몇 명이 가다 / 비가 안 오다)
   학 생 : 몇 명이 가지요? 비가 안 왔으면 좋겠네요.

3) 선 생 : 오늘 제니퍼가 미국으로 돌아가요.
            (몇 시 비행기로 떠나다 / 배웅을 하다)
   학 생 : 몇 시 비행기로 떠나지요? 배웅을 했으면 좋겠네요.

4) 선 생 : 날이 흐려서 비가 올 것 같아요.
　　　　　　(우산이 어디 있다 / 가지고 가다)
　　학 생 : 우산이 어디 있지요? 가지고 갔으면 좋겠네요.

5) 선 생 : 전화가 고장이 나서 신고를 해야 돼요. (고장신고 전화번호가
　　　　　　몇 번이다 / 언제 고칠 수 있는지 알아 보다)
　　학 생 : 고장신고 전화번호가 몇 번이지요? 언제 고칠 수 있는지 알아
　　　　　　봤으면 좋겠네요.

21. 4 D2

(보기) 선 생 : 장마철이 언제예요? (6월 말 / 7월 말)
　　　　학 생 : 보통 6월 말에서 7월 말 사이예요.

1) 선 생 : 점심시간은 언제예요? (12시 / 1시 반)
　　학 생 : 보통 12시에서 1시 반 사이예요.

2) 선 생 : 출근시간은 언제예요? (7시 / 7시 반)
　　학 생 : 보통 7시에서 7시 반 사이예요.

3) 선 생 : 귀가시간이 언제예요? (7시 / 8시)
　　학 생 : 보통 7시에서 8시 사이예요.

4) 선 생 : 새 학기 등록기간이 언제예요? (2월 말 / 3월 초)
　　학 생 : 보통 2월 말에서 3월 초 사이예요.

5) 선 생 : 대학교 졸업식이 언제예요? (2월 중순 / 2월 말)
　　학 생 : 보통 2월 중순에서 2월 말 사이예요.

21. 4 D3

(보기) 선 생 : 이 옷이 마음에 들어요? (다른 옷도 입어 보다)
　　　학 생 : 예, 이 옷이 마음에 들어요.
　　　　　　그런데 저… 다른 옷도 입어 보고 싶은데요.

1) 선 생 : 이 음식이 맛이 있어요? (다른 음식도 먹어 보다)
　학 생 : 예, 이 음식이 맛이 있어요.
　　　　　그런데 저… 다른 음식도 먹어 보고 싶은데요.

2) 선 생 : 이 물건이 좋아요? (다른 가게에도 가 보다)
　학 생 : 예, 이 물건이 좋아요.
　　　　　그런데 저… 다른 가게에도 가 보고 싶은데요.

3) 선 생 : 이 컴퓨터가 좋아요? (다른 것도 써 보다)
　학 생 : 예, 이 컴퓨터가 좋아요.
　　　　　그런데 저… 다른 것도 써 보고 싶은데요.

4) 선 생 : 성적표를 받으셨어요? (시험지도 보다)
　학 생 : 예, 성적표를 받았어요.
　　　　　그런데 저… 시험지도 보고 싶은데요.

5) 선 생 : 오늘 배운 유형들을 이해할 수 있어요?
　　　　　(다시 한 번 설명을 듣다)
　학 생 : 예, 오늘 배운 유형들을 이해할 수 있어요.
　　　　　그런데 저… 다시 한 번 설명을 듣고 싶은데요.

21. 5 D1

(보기) 선 생 : 주소와 전화번호를 썼습니다.
　　　학 생 : 주소와 전화번호를 써 놓았습니다.

1) 선 생 : 창문을 열었습니다.
   학 생 : 창문을 열어 놓았습니다.

2) 선 생 : 빨래와 청소를 했습니다.
   학 생 : 빨래와 청소를 해 놓았습니다.

3) 선 생 : 교과서와 사전을 샀습니다.
   학 생 : 교과서와 사전을 사 놓았습니다.

4) 선 생 : 텔레비전을 켰습니다.
   학 생 : 텔레비전을 켜 놓았습니다.

5) 선 생 : 편지를 서랍 속에 넣었습니다.
   학 생 : 편지를 서랍 속에 넣어 놓았습니다.

21. 5 D2

(보기) 선 생 : 누가 이 음식을 준비해 놓았어요? (어머니)
       학 생 : 어머니가 이 음식을 준비해 놓았어요.

1) 선 생 : 누가 이 그림을 벽에 걸어 놓았어요? (제 친구)
   학 생 : 제 친구가 이 그림을 벽에 걸어 놓았어요.

2) 선 생 : 언제 음식을 차려 놓았어요? (방금)
   학 생 : 방금 음식을 차려 놓았어요.

3) 선 생 : 누가 길 옆에 차를 세워 놓았어요? (옆집 아저씨)
   학 생 : 옆집 아저씨가 길 옆에 차를 세워 놓았어요.

4) 선 생 : 누가 꽃병에 꽃을 꽂아 놓았어요?   (비서)
   학 생 : 비서가 꽃병에 꽃을 꽂아 놓았어요.

5) 선 생 : 은행에 얼마를 저축해 놓았어요? (100만 원)
   학 생 : 은행에 100만 원을 저축해 놓았어요.

21. 5 D3

(보기) 선 생 : 방학을 합니다 / 우리 집에 놀러 오십시오.
　　　학 생 : 방학을 하거든 우리 집에 놀러 오십시오.

1) 선 생 : 약속이 있습니다 / 먼저 떠나십시오.
　 학 생 : 약속이 있거든 먼저 떠나십시오.

2) 선 생 : 목적지에 도착합니다 / 먼저 전화를 겁시다.
　 학 생 : 목적지에 도착하거든 먼저 전화를 겁시다.

3) 선 생 : 머리가 아픕니다 / 이 약을 먹으라고 하십시오.
　 학 생 : 머리가 아프거든 이 약을 먹으라고 하십시오.

4) 선 생 : 소화가 잘 안 됩니다 / 커피를 마시지 말라고 하십시오.
　 학 생 : 소화가 잘 안 되거든 커피를 마시지 말라고 하십시오.

5) 선 생 : 날씨가 흐립니다 / 산책을 가지 말자고 합시다
　 학 생 : 날씨가 흐리거든 산책을 가지 말자고 합시다

21. 5 D4

(보기) 선 생 : 오늘 박 과장님을 만나요. (안부를 전해 주세요)
　　　학 생 : 오늘 박 과장님을 만나거든 안부를 전해 주세요.

1) 선 생 : 물이 끓어요. (먼저 고기를 넣으세요)
　 학 생 : 물이 끓거든 먼저 고기를 넣으세요.

2) 선 생 : 자꾸 기침이 나요. (외출하지 말고 따뜻한 걸 드세요)
　 학 생 : 자꾸 기침이 나거든 외출하지 말고 따뜻한 걸 드세요.

3) 선 생 : 내년에 아이가 초등학교에 들어가요.

　　　　　(태권도를 가르칩시다)
　학 생 :　내년에 아이가 초등학교에 들어가거든 태권도를 가르칩시다.

4) 선 생 :　그 친구한테서 전화가 올 거에요.
　　　　　(저녁에 다시 걸라고 하세요)
　학 생 :　그 친구한테서 전화가 오거든 저녁에 다시 걸라고 하세요.

5) 선 생 :　책방에 갑시다.
　　　　　(어느 사전이 제일 잘 팔리냐고 물어 봅시다)
　학 생 :　책방에 가거든 어느 사전이 제일 잘 팔리냐고 물어 봅시다.

제 22과

바쁜 하루

1

할 일이 너무 많아서 정신이 없는 것과 할 일이 너무 없어서 심심한 것은 어느 것이 더 나을까? 하루가 어떻게 지나갔는지도 모르고 사는 것과 하루가 언제 지나가나? 하고 사는 것은 어느 것이 더 의미가 있을까?

요즈음 사람들은 아이에서부터 어른들까지 바쁘지 않은 사람이 없다. 우리가 살고 있는 시대가 우리를 바쁘게 하는 것 같다.

"바빠요 바빠, 빨리요 빨리." "너무 바빠서 아무 것도 할 수가 없어요." "오늘은 바빠서 안 되겠는데요."

우리는 이런 말들을 쉽게 하고 또 쉽게 듣는다. 바빠서 결혼을 못했다고 하는 사람도 있으니까 아마 바빠서 죽을 수가 없다고 하는 사람도 있을 것이다.

정신이 없다	to be out of one's senses	지나가다	to go by	어른	adult
시대	age				

이상하게도 몹시 바쁜 날이 있다. 그런 날은 전화까지 자주 걸려온다. 집안일도 밀려 있고 밖에서도 할 일이 많은 날은 하루종일 식사조차 못 할 때도 있다. 약속 장소가 멀거나 교통이 복잡하면 더 힘들다.

어제는 정말 바빴다.

연구실에 계시는 김 박사님도 만나 뵈러 갔고 아는 이가 출국해서 공항에도 갔다. 그리고 백화점에도 들렀다가 생일집에도 다녀왔다.

하도 피곤해서 집에 오자마자 겨우 세수만 하고 그냥 잤다. 정말 바쁜 하루였다.

| 몹시 | extremely | 하루종일 | all day long | 조차 | even |
| 연구실 | research room | 하도 | too | | |

②

아주머니 : 요즘은 아주 바빠 보입니다.

영　수 : 예, 눈 코 뜰 새가 없어요. 여기저기 갈 데도 많고요.

아주머니 : 서울 길이 복잡한데 찾아 다닐 수 있겠어요?

영　수 : 몇 번 다녀보니까, 이젠 좀 알 것 같아요.

아주머니 : 지금 시청 앞에 가는 길인데 같이 나갈까요?

영　수 : 먼저 가십시오. 전 아직 준비가 덜 됐어요.

| 뜨다 | to open(one's eyes) | 새 | space of time | 여기저기 | here and there |
| 먼저 | first | 덜 | half-done, not quite | | |

③

영　수 : 실례지만 김 박사님 좀 만나 뵈러 왔는데요. 계신가요?

연구원 : 예, 누구시라고 말씀드릴까요?

영　수 : 신문사에서 온 박영수입니다.

연구원 : 아, 조금 전에 전화하신 분이군요. 그런데 어디서 많이 뵌 분 같은데요.

영　수 : 두어 달 전에 한 번 찾아 온 적이 있습니다.

연구원 : 어쩐지 낯이 익어요. 자, 이쪽으로 오십시오.

연구원　researcher　　　두어　a couple of　　　어쩐지　for some reason
낯이 익다　to appear familiar

④

아는사람 : 바쁘실텐데 공항까지 나와 주셔서 감사합니다.

영　　수 : 이렇게 떠나시니까 참 섭섭한데요.

아는사람 : 저도 그동안 정이 들어서 떠나기가 싫군요.

영　　수 : 기회가 생기면 또 오세요. 탑승 수속은 끝내셨지요?

아는사람 : 예, 이제 타기만 하면 됩니다. 도착하는 대로 편지하겠습니다.

섭섭하다 to be regretful　정이 들다 to become attached　탑승수속 boarding procedure

영　　수 :　늘 건강하시기 바랍니다.

늘　　always

5

아는사람 :　어서 오십시오. 다들 기다리고 있습니다.

영　　수 :　미안합니다. 공항에 갔다가 오느라고 늦었습니다.

아는사람 :　자, 들어가십시다.

영　　수 :　축하합니다. 이거 생일선물인데 마음에 드실지 모르겠습니다.

아는사람 :　그냥 오셔도 되는데… 고맙습니다.

　　　　　　두 분 인사하시죠. 이쪽은 제 사촌동생입니다.

영　　수 :　만나 뵙게 되어서 반갑습니다.

사촌　　cousin

Lesson 22

A Busy Day

1

Would you rather be so busy that you think you'll go crazy or have so little to do that you are bored? Which is more meaningful, to live your life wondering what else is going to happen today or wondering when the day will be over.

These days everyone is busy, from children to adults. It seems like the times we are living in make us busy.

"I'm busy. I'm busy. Hurry up hurry." "I'm so busy I can't do anything." "I'm sorry, I'm too busy today."

We find ourselves using and hearing these words a lot. Since some people say they were too busy to get married, maybe there are some people who think they are too busy to die.

There are some days that are extremely busy. On those days even the phone rings a lot. There are some days when there is a lot of work to do at home and a lot to do away from home and you can spend the whole day without even stopping to eat. It is even harder if your appointments are far away or traffic is bad.

Yesterday was really busy.

I went to the lab to meet with Professor Kim and to the airport to see off a friend who was leaving the country. I also had to drop by the department store and visit a friend who was having a birthday party.

I was so tired that when I got home I just washed up and just went to bed. It really was a busy day.

2

Land lady : You seem very busy lately.

Young-su : Yeah, I hardly have any time. I have a lot of places to go.

Land lady : The streets of Seoul are rather complicated. Can you find your way around OK?

Young-su : I've been out a couple of times. Now I seem to know my way around a bit.

Land lady : I'm on my way to City Hall. Do you want to go together?

Young-su : You go ahead. I'm not quite ready.

3

Young-su : Excuse me. I've come to meet with Professor Kim. Is he here?

Researcher : Yes. Who should I say has come?

Young-su : I'm Pak Young-su from the newspaper.

Researcher : Oh, you're the person who just called. You look like someone I've seen a lot.

Young-su : I came by a couple of months ago.

Researcher : For some reason or other your face is very familiar. Well, come this way.

4

aquaintance : You must be busy. Thank you for coming out to the airport.

Young-su : I'm sad to see you go.

aquaintance : After becoming friends during this time I hate to go too.

Young-su : If you have a chance please come again. You've finished checking in right?

aquaintance : Yeah, now all I have to do is get on the plane. I'll send you a letter as soon as I arrive.

Young-su : Good bye and Good luck.

5

aquaintance	:	Please hurry and come. Everyone is waiting.
Young-su	:	I'm sorry. I'm late because I went to the airport.
acquaintance	:	Well, let's go in.
Young-su	:	Congratulations. Here is a gift but I don't know if you'll like it.
aquaintance	:	You didn't have to bring anything. Thank you. Here, why don't you two introduce yourselves. This is my cousin.
Young-su	:	Nice to meet you.

문 법

22. 1 G1 -조차

- This particle is attached to a noun and is used to mean "even up to and including the noun."

예: 자기 나라 말조차 제대로
못 해요.

He can't even speak his own language properly.

너조차 나를 못 믿겠니?

Not even you believe me?

비가 오는데 바람조차 불어요.

It's raining and on top of that the wind is blowing.

아이들조차 다 아는 일인데
그걸 모르세요?

Even kids would know this and you don't?

전화 거는 것조차 까맣게
잊어버렸어요.

I completely forgot to even call.

22. 1 G2 -거나

- This conjunctive ending is attached to verbs that list several options without showing a preference.

예: 피곤할 때는 음악을 듣거나
잠을 자요.

When I am tired I listen to music or sleep.

학교에는 걸어가거나 자전거를 타고 갑니다.	I either walk or ride my bike to school.
찬물에 꿀을 타거나 설탕을 타서 먹어 봐.	Try putting some honey or sugar in cold water and drinking it.

• Following are some examples of -거나 being used with interrogative pronouns like 누구, 무엇, 어디, 언제.

예: 누가 오거나 문 열어 주지 마세요.	Don't open the door no matter who comes.
뭘 하거나 부모님에게 알리고 하는 게 좋습니다.	Whatever you do it is good to let your parents know.
애들은 엄마가 어딜 가거나 따라 가고 싶어 해요.	Children want to go with their mother wherever she goes.

• When the listed options are opposites, -거나 -거나, or -거나 -말거나 are used.

예: 싸거나 비싸거나 필요하면 사야지요.	I have to buy it whether it is cheap or expensive.
그 남자는 돈이 있거나 없거나 술을 마신다.	He drinks whether he has money or not.
그 애가 늦게 오거나 말거나 내버려 둡시다.	Let's just leave the kid alone whether he comes late or not.

22. 1 G3 -자마자

• This form indicates that as soon as the action of the first clause is finished that the action of the second clause follows in sequence.

• -자 마자 can be shortened to -자.

예: 비가 와서 꽃이 피자마자 졌어요.	The flowers faded as soon as it rained and they bloomed.
고단한지 자리에 눕자마자 잠이 들었다.	I guess I was tired because as soon as I laid down I went to sleep.
도착하자마자 잘 갔다고 연락을 했더군요.	As soon as he arrived he called and said that he had gone safely.
만나자마자 결혼하자고 해요?	Are you asking me to marry you when we have just met?
정 들자 이별이라.	As soon as we get close it is time to part.

22. 2 G1 '피동'

• When you attach the passive suffixes 이, 리, 기, 히 to an action verb stem the verb becomes a passive verb.

Active		Passive	
산을 보다	sees the mountain	산이 보이다	the mountain is seen [=visible]
수저를 놓다	puts down spoon and chopsticks	수저가 놓이다	spoon and chopsticks are put down [=located]

차를 팔다　sells the car	차가 팔리다　the car is sold
소리를 듣다　listens to the sound	소리가 들리다　the sound is heard=audible
아이를 안다　embraces the child	아이가 안기다　the child is/get embraced
신문을 읽다　reads the paper	신문이 읽히다　the paper is/gets read
도둑을 잡다　catches a thief	도둑이 잡히다　the thief is caught

예: 추워서 몸이 떨립니다.	I'm shivering with cold [I'm cold, so I'm shivering="getting shaken"].
저기 보이는 건물이 은행입니다.	That building [which can be seen] over there is the bank.
요즘 수입품이 잘 안 팔려요.	Lately imports aren't selling well ["aren't getting sold well"].
우리 집 전화번호가 바뀌었어요.	Our home telephone number has been changed.
무슨 소리가 들리지 않았어요?	Didn't you hear something ["Wasn't something audible?"]?

22.2 G2　-어 보이다

• This form indicates that the subject of the sentence appears to be in a certain condition or state to the speaker.

예: 분홍색 옷을 입으니까 밝아 보이네요.	When you wear pink you look more radiant.
나이에 비해서 어려 보이지요?	She looks young for her age, doesn't she?

산책하는 것을 보니까
여유가 있어 보여요.

You seem to have some free time since you have time to go on walks.

피곤해 보이는데 일찍
퇴근하시지요.

You look tired. Why don't you go home early?

꼭 끼는 옷을 입어서
답답해 보입니다.

You look uncomfortable in those tight fitting clothes.

22.3 G1 -(으)ㄴ 적이 있다

• This is attached to action verbs and show experience in the past. This form is interchangeable with -(으)ㄴ 일이 있다. (See 11.1 G1)

예: 전에 저 사람을 어디선가
만난 적이 있어요.

I've met him somewhere before.

아파서 병원에 입원한 적이
있습니까?

Have you ever been sick and admitted to a hospital?

그 회사에 육 개월 다닌
적이 있습니다.

I worked at that company for 6 months.

사고를 내서 벌금을 낸 적이
꼭 한 번 있어요.

I did get in an accident once and have to pay a fine.

그런 얘기를 한 번도 들어 본
적이 없는데 내가 어떻게 알아요?

I had never heard that before so how was I supposed to know.

22. 3 G2 어쩐지, 왠지, 뭔지

• These words are formed by attaching -ㄴ지 모르다 to interrogative pronouns. In these forms, 모르다 can be omitted.

예: 나는 어쩐지 그녀가 마음에
　　드는데!

For some reason I really like her.

오늘은 왠지 짜증이 나.

I don't know why but I am really grumpy today.

이게 뭔지 굉장히 무거워요.

Whatever this is it sure is heavy.

어두워서 어디가 어딘지
분간할 수 없어요.

It is so dark that I can't tell what is what.

누구 딸인지 참 예쁘게 생겼다.

Who'sever daughter she is she sure is pretty.

22. 4 G1 -기만 하다

• This form is attached to the verb and indicates that the action or condition of the subject is limited to what is indicated by the verb or emphasizes only that action or condition.

예: 말은 안 하고 울기만 합니다.

He doesn't say anything. All he does is cry.

그림을 만지지 말고 보기만 해요.

Don't touch the picture. Just look at it.

값을 물어 보기만 했어요.

All I did was ask the price.

일을 잘 하기만 하면 돈은
얼마든지 드리겠어요.

If you just do a good job I will pay you whatever you want.

그 학교를 졸업하기만 해.	Just graduate from school. Then you'll get
취직은 틀림없을 테니까.	a job for sure.

22. 4 G2   -기만 하면 되다

• Only this kind of action or condition are indicated by the verb adequate to achieving the goal.

예: 짐은 다 쌌으니까 옮기기만 하면 됩니다.	Since we have already packed everything all we have to do is move it.
주사를 맞고 약을 타기만 하면 돼요.	All you have to do is have a shot and take the medicine.
계획을 세웠으니까 일을 시작하기만 하면 된다.	Since we have a plan now all we have to do is begin.
부모가 시키는 대로 하기만 하면 돼.	All you have to do is what your parents tell you.
여자는 예쁘기만 하면 된다고 생각해요?	Do you think that all a woman has to do is be beautiful?

22. 5 G1   -느라고

• This conjunctive is used with action verbs that show. This conjunctive ending shows that the time and effort used in doing the action of the first clause have an effect on or shows the reason for what happens in the second clause. It can not be followed by the command form or proposition form.

예: 소설책을 읽느라고 밤을
　　세운 적이 있어요?

시간에 맞추어서 오느라고
혼났어요.

골라서 사느라고 시간이
많이 걸렸어요.

하루종일 뭐 하느라고
청소도 못했어?

친척 집 찾느라고 헤맸어.

Have you ever stayed up all night reading a novel?

Coming on time was a real pain.

It took a long time because I had to buy just the right thing.

What were you doing all day? Why didn't you clean?

I wandered around looking for my relatives house.

22.5 G2 -지

• This conjunctive ending connects two contrasting actions or conditions. It shows strong feelings.(See 14.3 G1)

예: 여기가 서울이지 뉴욕이에요?

바쁘면 가지 지금까지
기다렸어요?

마음에 들면 사지 뭘
망설이세요?

콩 심은 데 콩 나지 팥이
안 나요.

네가 젊었지 늙었어?

This is Seoul not New York!

If you were busy you should have gone. Why did you wait until now!?

If you like it buy it. Why are you hesitating?

If you plant soy beans you get soy beans, not red beans!

You are still young not old!

유형 연습

22.1 D1

(보기) 선 생 : 인삿말 / 모릅니다.
　　　　학 생 : 인삿말조차 모릅니다.

1) 선 생 : 노력 / 하지 않습니다.
　　학 생 : 노력조차 하지 않습니다.

2) 선 생 : 자기집 주소 / 외우지 못합니다.
　　학 생 : 자기집 주소조차 외우지 못합니다.

3) 선 생 : 미안하다는 말 / 하지 않았습니다.
　　학 생 : 미안하다는 말조차 하지 않았습니다.

4) 선 생 : 아이들 / 그 사실을 압니다..
　　학 생 : 아이들조차 그 사실을 압니다.

5) 선 생 : 동생 / 나를 비웃었습니다.
　　학 생 : 동생조차 나를 비웃었습니다.

22.1 D2

(보기) 선 생 : 요즘 바쁘세요? (잠을 잘 시간 / 없다)
　　　　학 생 : 예, 잠을 잘 시간조차 없어요.

1) 선 생 : 집안일이 많아요? (잠깐 쉴 틈 / 없다)
　　학 생 : 예, 잠깐 쉴 틈조차 없어요.

2) 선 생 : 그 사람은 참 게으르지요? (세수 / 안 하다)

　　학 생 : 예, 세수조차 안 해요.

3) 선 생 : 출퇴근 시간에는 지하철이 아주 복잡하지요? (서 있을 자리
　　　　　　 / 없다)

　　학 생 : 예, 서 있을 자리조차 없어요.

4) 선 생 : 이 단어는 너무 쉽지요? (1급 학생들 / 알다)

　　학 생 : 예, 1급 학생들조차 알아요.

5) 선 생 : 오랫동안 가족을 못 만났지요? (집사람 얼굴 / 잊어버리겠다)

　　학 생 : 예, 집사람 얼굴조차 잊어버리겠어요.

22. 1　D3

(보기) 선 생 : 주말엔 친구들을 만납니다 / 집안일을 합니다.

　　　　 학 생 : 주말엔 친구들을 만나거나 집안일을 합니다..

1) 선 생 : 피곤하면 목욕을 합니다 / 잠을 잡니다.

　　학 생 : 피곤하면 목욕을 하거나 잠을 잡니다.

2) 선 생 : 휴일엔 낮잠을 잡니다 / 영화를 봅니다.

　　학 생 : 휴일엔 낮잠을 자거나 영화를 봅니다.

3) 선 생 : 시간이 있으면 붓글씨를 씁니다 / 그림을 그립니다.

　　학 생 : 시간이 있으면 붓글씨를 쓰거나 그림을 그립니다.

4) 선 생 : 한가할 때는 음악을 듣습니다 / 영화를 봅니다.

　　학 생 : 한가할 때는 음악을 듣거나 영화를 봅니다.

5) 선 생 : 우울할 때는 친구를 만납니다 / 혼자 산책을 합니다.

　　학 생 : 우울할 때는 친구를 만나거나 혼자 산책을 합니다.

22. 1   D4

(보기) 선 생 : 심심할 때는 무엇을 하세요? (소설책을 읽다 / 편지를
　　　　　　쓰다)

　　　학 생 : 심심할 때는 소설책을 읽거나 편지를 써요.

1) 선 생 : 학교에 올 때는 뭘 타세요? (지하철을 타다 / 좌석버스를 타
　　　　　　다)

　　학 생 : 학교에 올 때는 지하철을 타거나 좌석버스를 타요.

2) 선 생 : 쉬는 시간에는 학생들이 뭘 해요? (커피를 마시다 / 담배를
　　　　　　피우다)

　　학 생 : 쉬는 시간에는 학생들이 커피를 마시거나 담배를 피워요.

3) 선 생 : 모르는 단어가 있을 땐 어떻게 하세요? (사전을 찾다 / 한국
　　　　　　친구에게 물어 보다)

　　학 생 : 모르는 단어가 있을 땐 사전을 찾거나 한국 친구에게 물어
　　　　　　봐요.

4) 선 생 : 고향에 있는 가족들이 그리울 때는 뭘 하세요? (가족사진을
　　　　　　보다 / 편지를 쓰다)

　　학 생 : 고향에 있는 가족들이 그리울 때는 가족사진을 보거나 편지
　　　　　　를 써요.

5) 선 생 : 이 회사에서 무슨 일을 하세요? (서류를 번역하다 / 외국 손
　　　　　　님이 오면 통역을 하다)

　　학 생 : 이 회사에서 서류를 번역하거나 외국 손님이 오면 통역을
　　　　　　해요.

22.1 D5

(보기) 선 생 : 수업이 끝납니다 / 점심을 먹으러 갑니다.
　　　 학 생 : 수업이 끝나자마자 점심을 먹으러 갑니다.

1) 선 생 : 대학교를 졸업합니다 / 결혼을 했습니다.
　 학 생 : 대학교를 졸업하자마자 결혼을 했습니다.

2) 선 생 : 방학이 됩니다 / 고향에 돌아가려고 합니다.
　 학 생 : 방학이 되자마자 고향에 돌아가려고 합니다.

3) 선 생 : 버스에서 내립니다 / 비가 쏟아지기 시작했습니다.
　 학 생 : 버스에서 내리자마자 비가 쏟아지기 시작했습니다.

4) 선 생 : 둘째 시간이 끝납니다 / 커피를 마시러 갑니다.
　 학 생 : 둘째 시간이 끝나자마자 커피를 마시러 갑니다.

5) 선 생 : 교통사고 소식을 듣습니다 / 병원으로 달려 갔습니다.
　 학 생 : 교통사고 소식을 듣자마자 병원으로 달려 갔습니다.

22.1 D6

(보기) 선 생 : 제주도에 도착하자마자 뭘 하셨어요? (호텔을 잡았다)
　　　 학 생 : 제주도에 도착하자마자 호텔을 잡았어요.

1) 선 생 : 집에 돌아가자마자 뭘 해요? (샤워를 하다)
　 학 생 : 집에 돌아가자마자 샤워를 해요.

2) 선 생 : 학교에서 오자마자 뭘 했어요? (친구에게 어제 배운 것을 물
　　　　　어 봤다)
　 학 생 : 학교에서 오자마자 친구에게 어제 배운 것을 물어 봤어요.

3) 선 생 : 불이 나자마자 사람들이 어떻게 했어요? (소방서에 연락했다)
   학 생 : 불이 나자마자 사람들이 소방서에 연락했어요.

4) 선 생 : 한국에 도착하자마자 뭘 하셨어요? (고향에 계신 부모님께
            전화를 했어요)
   학 생 : 한국에 도착하자마자 고향에 계신 부모님께 전화를 했어요.

5) 선 생 : 그저께 수업이 끝나자마자 뭘 하셨어요? (친구를 마중하러
            공항에 갔다)
   학 생 : 그저께 수업이 끝나자마자 친구를 마중하러 공항에 갔어요..

22.2   D1

(보기) 선 생 : 바다를 봅니다. (보이다)
       학 생 : 바다가 보입니다.

1) 선 생 : 노래 소리를 듣습니다. (들리다)
   학 생 : 노래 소리가 들립니다.

2) 선 생 : 물고기를 잡습니다. (잡히다)
   학 생 : 물고기가 잡힙니다.

3) 선 생 : 몸을 떨었습니다. (떨리다)
   학 생 : 몸이 떨렸습니다.

4) 선 생 : 꽃병을 놓았습니다. (놓이다)
   학 생 : 꽃병이 놓였습니다.

5) 선 생 : 아기를 안았습니다. (안기다)
   학 생 : 아기가 안겼습니다.

22.2 D2

(보기) 선 생 : 언제 차가 많이 밀립니까? (출퇴근 시간)
　　　　학 생 : 출퇴근 시간에 차가 많이 밀립니다.

1) 선 생 : 요즘 무슨 잡지가 많이 읽힙니까? (「월간조선」)
　 학 생 : 요즘 「월간조선」이 많이 읽힙니다.

2) 선 생 : 언제부터 전화번호가 바뀌었습니까? (지난 월요일)
　 학 생 : 지난 월요일부터 전화번호가 바뀌었습니다.

3) 선 생 : 요즘 무슨 과일이 잘 팔립니까? (딸기)
　 학 생 : 요즘 딸기가 잘 팔립니다.

4) 선 생 : 어디에 가면 서울 시내가 잘 보입니까? (남산타워)
　 학 생 : 남산타워에 가면 서울 시내가 잘 보입니다.

5) 선 생 : 어디에서 피아노 소리가 들립니까? (위층)
　 학 생 : 위층에서 피아노 소리가 들립니다.

22.2 D3

(보기) 선 생 : 기분이 좋습니다.
　　　　학 생 : 기분이 좋아 보입니다.

1) 선 생 : 요즘 건강합니다.
　 학 생 : 요즘 건강해 보입니다.

2) 선 생 : 걱정이 있습니다.
　 학 생 : 걱정이 있어 보입니다.

3) 선 생 : 나이가 어립니다.
　 학 생 : 나이가 어려 보입니다.

4) 선 생 : 까만색 옷을 입으니까 날씬합니다.
   학 생 : 까만색 옷을 입으니까 날씬해 보입니다.

5) 선 생 : 높은 구두를 신으니까 키가 큽니다.
   학 생 : 높은 구두를 신으니까 키가 커 보입니다.

22. 2   D4

(보기) 선 생 : 저 옷이 어때요? (질이 좋다)
       학 생 : 질이 좋아 보여요.

1) 선 생 : 이 음식이 어때요? (맛이 있다)
   학 생 : 맛이 있어 보여요.

2) 선 생 : 요즘 저분 기분이 어때요? (조금 우울하다)
   학 생 : 조금 우울해 보여요.

3) 선 생 : 이 반지가 어때요? (비싸다)
   학 생 : 비싸 보여요.

4) 선 생 : 이 치마가 어때요? (약간 야하다)
   학 생 : 약간 야해 보여요.

5) 선 생 : 그분 성격이 어때요? (까다롭다)
   학 생 : 까다로워 보여요.

22. 2   D5

(보기) 선 생 : 그 회사 제품을 써 보니까 어때요? (편리하다)
       학 생 : 그 회사 제품을 써 보니까 편리해요.

1) 선 생 : 기숙사 생활을 해 보니까 어때요? (재미있다)
   학 생 : 기숙사 생활을 해 보니까 재미있어요.

2) 선 생 : 오래간만에 운동을 해 보니까 어때요? (너무 피곤하다)
   학 생 : 오래간만에 운동을 해 보니까 너무 피곤해요.

3) 선 생 : 남산타워에 올라가 보니까 어때요? (서울 시내가 다 보이다)
   학 생 : 남산타워에 올라가 보니까 서울 시내가 다 보여요.

4) 선 생 : 그 세탁기를 써 보니까 어때요? (성능이 좋다)
   학 생 : 그 세탁기를 써 보니까 성능이 좋아요.

5) 선 생 : 설악산에 가 보니까 어때요? (단풍이 아주 아름답다)
   학 생 : 설악산에 가 보니까 단풍이 아주 아름다워요.

22.3　D1

(보기) 선 생 : 말이 서툴러서 실수했습니다.
　　　 학 생 : 말이 서툴러서 실수한 적이 있습니다.

1) 선 생 : 늦게 일어나서 지각했습니다.
   학 생 : 늦게 일어나서 지각한 적이 있습니다.

2) 선 생 : 그 사람에 대한 소문을 들었습니다.
   학 생 : 그 사람에 대한 소문을 들은 적이 있습니다.

3) 선 생 : 성적이 우수해서 장학금을 받았습니다.
   학 생 : 성적이 우수해서 장학금을 받은 적이 있습니다.

4) 선 생 : 10년 전에 외국에서 살았습니다.
   학 생 : 10년 전에 외국에서 산 적이 있습니다.

5) 선 생 : 한국음식을 먹다가 너무 매워서 눈물을 흘렸습니다.
　 학 생 : 한국음식을 먹다가 너무 매워서 눈물을 흘린 적이 있습니다.

22.3 D2

(보기) 선 생 : 방송국에 가 본 적이 있어요? (예)
　　　 학 생 : 예, 방송국에 가 본 적이 있어요.

1) 선 생 : 스키를 탄 본 적이 있어요? (예)
　 학 생 : 예, 스키를 타 본 적이 있어요.

2) 선 생 : 서울에서 길을 잃어버린 적이 있어요? (예)
　 학 생 : 예, 서울에서 길을 잃어버린 적이 있어요.

3) 선 생 : 숙제를 하지 않은 적이 있어요? (아니오)
　 학 생 : 아니오, 숙제를 해 본 적이 없어요.

4) 선 생 : 한국말로 편지를 써 본 적이 있어요? (아니오)
　 학 생 : 아니오, 한국말로 편지를 써 본 적이 없어요.

5) 선 생 : 한국음식을 만들어 본 일이 있어요? (아니오)
　 학 생 : 아니오, 한국음식을 만들어 본 적이 없어요.

22.3 D3

(보기) 선 생 : 김 선생님이 결혼하신다고 해요. (요즘 바빠 보이다)
　　　 학 생 : 어쩐지 요즘 바빠 보여요.

1) 선 생 : 제 친구는 미국에서 오랫동안 살았어요. (영어를 잘 하다)
　 학 생 : 어쩐지 영어를 잘 해요.

2) 선 생 : 올해는 과일이 풍년이에요. (과일값이 싸다)
   학 생 : 어쩐지 과일 값이 싸요.

3) 선 생 : 저 두 사람은 형제래요. (서로 닮은 것 같다)
   학 생 : 어쩐지 서로 닮은 것 같아요.

4) 선 생 : 그분은 팔방미인이에요. (재주가 많다)
   학 생 : 어쩐지 재주가 많아요.

5) 선 생 : 스미스 씨는 회사에 다니면서 공부해요. (피곤해 보이다)
   학 생 : 어쩐지 피곤해 보여요.

22.4 D1

(보기) 선 생 : 비자를 받습니다.
       학 생 : 비자를 받기만 하면 됩니다.

1) 선 생 : 서류를 받아 옵니다.
   학 생 : 서류를 받아 오기만 하면 됩니다.

2) 선 생 : 스위치를 누릅니다.
   학 생 : 스위치를 누르기만 하면 됩니다.

3) 선 생 : 계약서를 씁니다.
   학 생 : 계약서를 쓰기만 하면 됩니다.

4) 선 생 : 포장을 합니다.
   학 생 : 포장을 하기만 하면 됩니다.

5) 선 생 : 빨래를 넙니다.
   학 생 : 빨래를 널기만 하면 됩니다.

22.4 D2

(보기) 선 생 : 표를 사셨지요? (이제 들어가다)
　　　　학 생 : 예, 이제 들어가기만 하면 돼요.

1) 선 생 : 결혼 준비는 다 되었지요? (식을 올리다)
　　학 생 : 예, 식을 올리기만 하면 돼요.

2) 선 생 : 신청서를 썼지요? (내일 제출하다)
　　학 생 : 예, 내일 제출하기만 하면 돼요.

3) 선 생 : 논문을 다 썼지요? (인쇄소에 보내다)
　　학 생 : 예, 인쇄소에 보내기만 하면 돼요.

4) 선 생 : 이삿짐을 다 싸셨지요? (짐을 옮기다)
　　학 생 : 예, 짐을 옮기기만 하면 돼요.

5) 선 생 : 시험을 다 보셨지요? (결과를 기다리다)
　　학 생 : 예, 결과를 기다리기만 하면 돼요.

22.4 D3

(보기) 선 생 : 사업을 시작했습니다. (꼭 성공하시다)
　　　　학 생 : 꼭 성공하시기를 바랍니다.

1) 선 생 : 내일 결혼합니다. (행복하게 사시다)
　　학 생 : 행복하게 사시기를 바랍니다.

2) 선 생 : 요즘 몸이 아파서 병원에 다녀요. (빨리 낫다)
　　학 생 : 빨리 낫기를 바랍니다.

3) 선 생 : 이달 말에 입학시험을 봅니다. (꼭 시험에 합격하다)
　　학 생 : 꼭 시험에 합격하기를 바랍니다.

4) 선 생 : 친구하고 싸웠어요. (빨리 화해하다)
   학 생 : 빨리 화해하기를 바랍니다.

5) 선 생 : 이번에 유학을 갑니다. (꼭 학위를 받고 돌아오다)
   학 생 : 꼭 학위를 받고 돌아오기를 바랍니다.

22.5 D1

(보기) 선 생 : 밀린 일을 합니다 / 늦게 퇴근했습니다.
       학 생 : 밀린 일을 하느라고 늦게 퇴근했습니다.

1) 선 생 : 좋은 집을 찾습니다 / 하루종일 돌아다녔습니다.
   학 생 : 좋은 집을 찾느라고 하루종일 돌아다녔습니다.

2) 선 생 : 표를 삽니다 / 30분 동안 기다렸습니다.
   학 생 : 표를 사느라고 30분 동안 기다렸습니다.

3) 선 생 : 중요한 전화를 기다립니다 / 외출하지 못했습니다.
   학 생 : 중요한 전화를 기다리느라고 외출하지 못했습니다.

4) 선 생 : 환자를 돌봅니다 / 제 일을 하지 못했습니다.
   학 생 : 환자를 돌보느라고 제 일을 하지 못했습니다.

5) 선 생 : 텔레비전을 봅니다 / 친구가 부르는 소리를 못 들었습니다.
   학 생 : 텔레비전을 보느라고 친구가 부르는 소리를 못 들었습니다.

22.5 D2

(보기) 선 생 : 왜 어제 잠을 못 잤어요? (친구하고 얘기하다)
       학 생 : 친구하고 얘기하느라고 어제 잠을 못 잤어요.

1) 선 생 : 왜 지난 주에 학교에 못 오셨어요? (미국에 다녀 오다)
   학 생 : 미국에 다녀 오느라고 지난 주에 학교에 못 왔어요.

2) 선 생 : 왜 선생님 질문에 대답을 못 했어요? (다른 생각을 하다)
   학 생 : 다른 생각을 하느라고 선생님 질문에 대답을 못 했어요.

3) 선 생 : 왜 늦었어요? (아이를 유치원에 데려다 주고 오다)
   학 생 : 아이를 유치원에 데려다 주고 오느라고 늦었어요.

4) 선 생 : 왜 돈을 다 썼어요? (친구들에게 한잔 사다)
   학 생 : 친구들에게 한잔 사느라고 돈을 다 썼어요.

5) 선 생 : 왜 사무실에 갔다가 왔어요? (등록금이 얼마인지 알아보다)
   학 생 : 등록금이 얼마인지 알아보느라고 사무실에 갔다가 왔어요.

22.5 D3

(보기) 선 생 : 오전에만 합니다 / 오후에는 하지 않습니다.
       학 생 : 오전에만 하지 오후에는 하지 않습니다.

1) 선 생 : 한국에만 있습니다 / 다른 나라에는 없습니다.
   학 생 : 한국에만 있지 다른 나라에는 없습니다.

2) 선 생 : 돈만 압니다 / 건강은 모릅니다.
   학 생 : 돈만 알지 건강은 모릅니다.

3) 선 생 : 자기만 생각합니다 / 다른 사람은 생각하지 않습니다.
   학 생 : 자기만 생각하지 다른 사람은 생각하지 않습니다.

4) 선 생 : 한국말만 배웠습니다 / 다른 외국어는 배우지 않았습니다.
   학 생 : 한국말만 배웠지 다른 외국어는 배우지 않았습니다.

5) 선 생 : 한국말로 설명합니다 / 왜 영어로 설명합니까?
   학 생 : 한국말로 설명하지 왜 영어로 설명합니까?

22.5 D4

(보기) 선 생 : 예습을 하세요? (숙제만 하다)
       학 생 : 숙제만 하지 예습을 하지 않아요.

1) 선 생 : 열심히 공부해요? (놀기만 하다)
   학 생 : 놀기만 하지 열심히 공부하지 않아요.

2) 선 생 : 쉬는 시간에 한국말로 얘기해요? (영어로 하다)
   학 생 : 영어로 하지 쉬는 시간에 한국말로 얘기하지 않아요.

3) 선 생 : 그 학생은 대답을 잘 해요? (웃기만 하다)
   학 생 : 웃기만 하지 그 학생은 대답을 잘 하지 않아요.

4) 선 생 : 부모님을 자주 찾아 뵈세요? (전화를 드리다)
   학 생 : 전화를 드리지 부모님을 자주 찾아 뵈지 않아요.

5) 선 생 : 회의에서 발표를 했어요? (듣기만 했다)
   학 생 : 듣기만 했지 회의에서 발표를 하지 않았어요.

제 23과

예금을 하겠어요

1

　　오래간만에 은행에 갔다. 이사 오기 전에 다니던 은행으로 갈까 하다가 가까운 은행으로 갔다. 하숙집 근처에 있는 은행을 이용하면 급할 때 편할 것 같아서였다.

　　은행 문을 열고 들어가니까 월말이어서 그런지 사람들이 많았다.

　　예금하러 온 사람, 돈을 찾으러 온 사람, 그밖에 여러 가지 세금을 내려고 하는 사람들로 아주 복잡했다.

　　나는 집에서 보내온 수표를 한국돈으로 바꾸고 예금도 좀 하려고 외환계로 갔다.

　　다행히 외환계는 다른 곳보다 한가했다. 5분도 안 되어 여행원은 빳빳한 새 돈을 내주었다. 나는 돈을 세어서 반은 지갑에 넣었다.

월말	end of the month	돈을 찾다	to withdraw	세금	tax
수표	cheque(check)	외환계	foreign exchange boot	다행히	fortunately
빳빳하다	to be stiff	세다	to count	지갑	purse

그리고 나머지 반은 통장에 넣기로 했다. 현금을 넉넉하게 가지고 있으면 자꾸 쓰고 싶은 마음이 생긴다. 그래서 쓸 데 없이 돈을 낭비하고 또 잘못하면 잃어버릴 염려도 있다. 통장에 넣어두면 저축하는 습관이 들 뿐만 아니라 누군가 이 돈을 이용할 수도 있으니까 일석이조이다.

줄을 서서 차례차례 돈을 찾아가는 사람들을 보고 있는데 예금계 은행원이 내 이름을 불렀다. 그리고는 나에게 새 통장을 주었다. 통장을 펴서 금액과 이름을 확인해 보았다.

통장에는 "첫 거래 감사합니다"라는 말이 찍혀 있었다.

왠지 부자가 된 기분이었다.

통장	account	현금	cash	쓸 데 없다	to be useless
습관이 들다	to become a habit	이용하다	to use		
일석이조	to kill two birds with one stone	차례차례	one after another		
예금계	deposit section	펴다	to open	금액	amount of money
확인	checking	거래	transaction	찍히다	to be printed

2

영   수 : 은행에 좀 갔다가 오겠습니다.

아주머니 : 송금 온 거 찾으러 가시는군요.

영   수 : 예, 집에서 돈이 안 와서 걱정을 했는데 이젠 마음이 놓입니다.

송금하다	to remit	마음이 놓이다	to be reassured

아주머니 : 돈을 많이 가지고 있으면 위험하니까 은행에 맡기세요.

영　　수 : 그렇지 않아도 예금을 하려던 참이었어요.

아주머니 : 잘 생각하셨어요.

위험하다　　to be dangerous

3

은행원 : 이 수표 어떻게 해 드릴까요?

영　수 : 반은 현금으로 주시고 나머지는 예금을 하겠어요.

은행원 : 여권 좀 보여 주시겠습니까?

영　수 : 여기 있습니다. 환율은 어떻게 됩니까?

은행원 : 매일 변합니다만 오늘은 750원입니다. 그런데 예금은 어떤 것으로 하실 건가요?

영　수 : 필요할 때 찾기 쉬운 것으로 하겠습니다.

환율　　exchange rate

4

은행원 : 저축예금이 어떨까요? 그게 보통예금보다 이자가 높은데
          요.

영 수 : 그럼 그렇게 해 주세요.

은행원 : 여기에다 여권 번호를 적으세요. 그리고 이름과 주소를
          쓰신 후에 서명하십시오.

영 수 : 알겠습니다. 얼마나 기다리면 됩니까?

은행원 : 금방 됩니다. (잠시 후) 박영수 손님! 여기 현금하고 통
          장이 있으니 확인해 보세요.

영 수 : 예, 맞습니다.

저축예금	savings account	보통예금	regular account	이자	interest
번호	number	금방	immediately	잠시	momentarily

5

아주머니 : 벌써 갔다 왔어요?

영   수 : 은행 문이 닫혀서 돈을 못 찾았어요.

아주머니 : 그래요? 문 닫을 시간이 되려면 아직 멀었는데요.

영   수 : 토요일이잖아요? 오늘이 토요일인 걸 깜빡 잊어버렸어요.

닫히다	to be shut	깜빡 잊다	to forget momentarily

아주머니 : 현금인출카드를 만드세요. 그러면 편해요.

영　　수 : 아주머니, 미안합니다만 하숙비는 월요일에 드릴게요.

현금인출카드　　cashcard

Lesson 23

I will deposit the money in a bank

1

I went to the bank after not going for a long time. I thought about using the bank I used to go to before I moved but I went to a closer bank. If something urgent came up I thought it would be more convenient if I used a bank near my boarding home.

When I opened the bank door and went in, it must have been the end of the month, because there were a lot of people. The place was full of people who had come to deposit money or withdraw money, and those who were there to pay various taxes.

I went to the exchange window to change the check that I got from home into Korean money and to put some into savings.

Luckily the exchange window was less crowded than the other windows. Within 5 minutes the bank clerk was handing me crisp new money. I counted the money and put half of it in my wallet. And I decided to put the rest in my account. If I carry too much cash around with me I keep wanting to spend it. I worry that I will needlessly waste my money and I might lose it. If I put it in my account that I kill two birds with one stone because not only do I get in the habit of saving but someone else can use the money.

As I stood in line and looked at the people withdrawing money the clerk at the savings window called out my name. She gave me my new passbook. I opened it and checked the amount and my name.

In the pass book it said "First transaction. Thank you."

For some reason I felt rich.

2

Young-su : I'am going to the bank.

Land lady : You are going to do get the money wired to you?

Young-su : Yeah. No money has come from home so I was worried but now I feel better.

Land lady : It's dangerous to carry around a lot of money, so you'd better leave it at the bank.

Young-su : I was going to do that anyway and put some money in an account.

Land lady : Good idea.

3

Bank clerk : What should I do with this check?

Young-su : I'll take half of it in cash and put the rest in an account.

Bank clerk : Will you show me your passport please?

Young-su : Here it is. What is the exchange rate?

Bank clerk : It changes every day but today it is 750 won. And how do you want to deposit your money?

Young-su : I want it in something that I can withdraw from easily when I need to.

4

Bank clerk : How about a savings account? It has a higher interest rate than a regular account.

Young-su : OK. let's do that.

Bank clerk : Please write your passport number here. And after you have written your name and address please sign it.

Young-su : OK. How long will I have to wait?

Bank clerk : It will be ready right away. (short time later) Pak Yong-su, Here is your cash and your passbook. Please verify them.

Young-su : Yes, they are right.

5

Land lady : You are already back?

Young-su : The bank was closed and I couldn't get my money.

Land lady : Really? It should still be quite a while until the bank closes.

Young-su : Oh it's Saturday. I completely forgot that it was Saturday.

Land lady : You need a cash withdrawal money machine card. That is really convenient.

Young-su : Excuse me. Can I pay you my boarding fee on Monday?

문 법

23. 1 G1 -(으)ㄹ까 하다

• When used with an action verb this form shows one's intent to perform the action. It is used with a first person subject.

예: 졸업하면 취직을 할까 해요.	When I graduate I'm thinking about getting a job.
돈을 벌어서 보람있는 일을 할까 합니다.	When I've made some money I want to do something worthwhile.
번역은 영수에게 맡길까 하는데요.	I'm thinking about having Young-su do the translating.
고향에 가서 농사나 지을까 해요.	I'm thinking about moving back to my home town and doing some farming or something.
총장님을 뵐까 하고 찾아 갔어요.	I went thinking maybe I could meet the president of the university.

23. 1 G2 -(으)로

• This particle is used to indicate direction, means, method, capacity, materials, cause etc. (See 5.1 G1).

예: 여행을 다음 주로 미루면 어때요?

How about if we postpone the trip until next week?

앞에 앉지 말고 뒤로 와요.

Don't sit in front. Come to the back.

일이 생기면 회사로 연락해 주십시오.

If anything comes up contact the company.

네 생각을 말로 표현해 봐.

Say out loud what you are thinking.

이 옷은 세탁기에 넣지 말고 손으로 빠세요.

Don't put these clothes in the washer. Wash them by hand.

급하니까 속달로 보냅시다.

Since it is urgent let's send it by special delivery.

그 사람이 국회의원으로 입후보했습니다.

He has become a candidate for the national assembly.

누가 보증인으로 되어 있어요?

Who has been designated as the guarantor?

한국에 특파원으로 와 있어요.

I came to Korea as a special correspondent.

쌀로 만든 과자가 맛이 있어요.

Treats that are made from rice are very good.

돌로 지은 집이 시원해요.

Homes that are built of stone are cool.

이 지방에는 대나무로 만든 물건이 많대요.

They say that there are a lot of goods made of bamboo in this area.

무슨 일로 여기까지 오셨습니까?

What kind of business brings you here?

교통사고로 다리를 다쳤나 봐요.

It looks like he hurt his leg in a traffic accident.

겨울에는 감기로 고생하는 사람이 많아요.

There are a lot of people who suffer from colds in the winter.

23. 2 G1 그렇지 않아도 -(으)려던 참이다

• With this form the speaker says that even if the preceding action or statement had not taken place (s)he had just been thinking about doing the action.

예: 가: 비가 오는데 어떻게 가지?　　　*a.* How are we going to go? It's raining.

나: 그렇지 않아도 차로 모시고　　　*b.* I was going to take my car anyway.
　　가려던 참이었습니다.

가: 그 사람 어떤 사람이에요?　　　*a.* What kind of a person is he?

나: 그렇지 않아도 소개하려던　　　*b.* I was just going to introduce him to you.
　　참이었어요.

가: 전화 좀 하지 그래?　　　*a.* Come on, call him.

나: 그렇지 않아도 지금　　　*b.* I was just going to.
　　하려던 참야.

웬 꽃이에요? 그렇지 않아도　　　You bought flowers? I was just going to
꽃을 사려던 참이었는데.　　　buy them.

어서 오세요. 그렇지 않아도 제가　　　Come on in. I was just going to come and
한 번 찾아가려던 참이었습니다.　　　visit you.

23. 2 G2 구어체

• There are two kinds of language, spoken and written. In spoken language written forms are sometimes abbreviated. One characteristic of spoken language is that it is easy to pronounce and sounds soft and pleasant to listen to.

것　→ 거　　　-에는　→ 엔　　　-기에 → -길래
것이 → 게　　　-에서는 → 에선

것을 → 걸   -하고 → 랑
것은 → 건
-(으)ㄹ 것입니다 → -(으)ㄹ 겁니다
-(으)ㄹ 것인가요? → -(으)ㄹ 건가요?

23. 2 G3 사동

• Some action verb stems can attach the suffixes -이, -히, -리, -기, -우, -구 or -추
to make new causative verbs.

Active		Causative	
사진을 보다	to look at a photo	사진을 보이다	to show[s.b.] a photo
약을 먹다	to take medicine	약을 먹이다	to feed [s.b.]medicine
방이 넓다	The room is spacious.	방을 넓히다	to widen/enlarge the room
사람이 살다	a person to live[he lives]	사람을 살리다	to save a person[let him live]
우리가 웃다	we laugh	우리를 웃기다	to make us laugh
일을 맡다	to take on a job	일을 맡기다	to entrust a job[to s.b.]
차를 타다	to ride/get in	차를 태우다	to give[s.b.] a ride[make s.b. ride a car"]

예: 집 좀 보여 주십시오.   Please show me your house.

나중에 시간과 장소를 알려   I'll let you know the time and place later.
드리겠습니다.

내일은 너무 일찍 깨우지   Please don't wake me up too early tomor-
마세요.   row.

| 열쇠는 수위실에 맡겨요. | Please leave ["entrust"] the key with the guards' room. |
| 큰 길까지 태워 주세요. | Please take [give me a ride] me as far as the major road. |

• In the few cases where causative and passive verb forms have the same shape, you can distinguish causative from passive by the particles occurring with the preceding nouns. (see 22.2 G1)

예: 칠판의 글씨가 안 보입니다.	The writing on the blackboard is not visible [i.e. "I can't see…"]=PASSIVE
이 성적표를 부모님에게 보여 드리십시오.	Please show this report card to your parents. [i.e. "please let/make them see"] =CAUSATIVE
내 목소리가 잘 들립니까?	Is my voice audible? [i.e. "can my voice be heard?"]=PASSIVE
아이들에게 옛날 이야기를 들려 주십시오.	Tell the kids a story about olden days. [i.e. "let the kids hear a story"]=CAUSATIVE
요즘 만화책이 많이 읽힙니다.	Lately people are reading a lot of comic books [i.e. "comic books are getting read a lot."]=PASSIVE
어렸을 때 책을 많이 읽혀야 해요.	When they're young, you have to get them to read lots of books.=CAUSATIVE

23. 3 G1 -(으)ㄹ 건가요?

• This is an abbreviation of -(으)ㄹ 것인가요? The speaker asks about the future action of the subject. This form can only be used with action verbs.

예: 이 서류는 언제 제출할 건가요?   When will you submit this paperwork?

일을 계획대로 진행하실 건가요?   Will you continue to carry out this work as planned?

이 기쁜 소식을 누구에게 먼저 알리실 건가요?   Who will you tell this good news to first?

집을 사실 건가요? 전세로 가실 건가요?   Are you going to buy a house or lease one?

머리를 자를 건가요? 기를 건가요?   Are you ging to have your hair cut or let it grow?

23. 4 G1 -(으)니

• This form is used when one fact is revealed and then one adds another related explanation or when the first clause established a cause or grounds for the second clause. When there is a causal relationship -(으)니 has the same meaning as -(으)니까.

예: 아이들이 아직도 안 돌아오니 웬일일까요?   The children haven't come back yet. I wonder what's up?

물가가 자꾸 오르기만 하니 어떻게 살지?   With the price of things always going up how are we supposed to live?

나이가 어리니 뭘 알겠어요?   You are so young what would you know?

안개가 끼니 앞이 안 보이는구나.	It has become foggy and I can't see in front of me.
꽃이 피니 벌 나비가 날아든다.	The flowers have bloomed and the bees and butterflies are flying around.
저건 그림의 떡이니 욕심부리지 마세요.	That is just a pipe dream. Don't get your hopes up.

23.5 G1 -어 버리다

• This auxiliary verb is used with action verbs and indicates that some action has been completed and gotten out of the way.

예: 조금밖에 안 남았으니까 다 먹어 버려요.	There was only a little left so eat it all up.
그 남자가 준 편지는 다 찢어 버렸어.	I ripped up the letters from that man.
술은 끊었지만 담배는 끊어 버리기가 힘들어요.	I have given up drinking but it is hard to quit smoking.
잡채가 변한 것 같아서 쓰레기통에 넣어 버렸어요.	The chapchae looked like it was moldy so I threw it away.
잊어 버리지 않도록 수첩에 적어 놓으십시오.	Please write it down in your planner so that you don't forget.

23. 5 G2   -(으) ㄹ게요

• This form is used when the speaker promises to the listener that (s)he will do something. The subject must be first person.

예: 다녀 오세요. 나는 여기 있을게요.   Hurry and come back. I will be here.

내가 낼게. 한잔하러 가자.   I'll pay. Let's go have a drink.

이젠 안 그럴게.   I won't do it anymore. Please just let it go
한 번만 봐 줘요.   this time.

회의 시간이 되면 사장님은   When it's time for the conference I'll take
내가 모시고 갈게요.   the president in.

짐이 무거우면 제가   If your luggage is heavy I will carry it.
들어 드릴게요.

23. 5 G3   -잖아요?

• As a negative question this form shows strong affirmation. It is an abbreviated form of
-지 않아요?

예: 택시로 와서 편하게 왔잖아요?   Wasn't it easier to come by taxi!?

여행을 하니까 기분 전환이   Doesn't trip lift your spirits!?
되잖아요?

대화를 하면 오해가   When people talk to each other misunder-
풀리잖아요?   standings can be cleared up, can't they!?

네 생각보다는 내 생각이 낫잖아?   My idea is better than yours, isn't it!?

졸업한 지 오래 됐잖아요?   We graduated a long time ago, didn't we!?
한 번 만나요.   Let's meet once.

유형 연습

23. 1   D1

(보기) 선 생 : 봄이 되면 집을 고칩니다.
　　　 학 생 : 봄이 되면 집을 고칠까 합니다.

1) 선 생 : 방학 동안 여행을 합니다.
　 학 생 : 방학 동안 여행을 할까 합니다.

2) 선 생 : 월급을 타면 옷을 삽니다.
　 학 생 : 월급을 타면 옷을 살까 합니다.

3) 선 생 : 대학을 졸업하고 대학원에 들어갑니다.
　 학 생 : 대학을 졸업하고 대학원에 들어갈까 합니다.

4) 선 생 : 이사를 하면 새 가구를 삽니다.
　 학 생 : 이사를 하면 새 가구를 살까 합니다.

5) 선 생 : 퇴직을 하면 시골에서 삽니다.
　 학 생 : 퇴직을 하면 시골에서 살까 합니다.

23. 1   D2

(보기) 선 생 : 왜 주소록을 찾으세요? (대학 동창에게 연락하다)
　　　 학 생 : 대학 동창에게 연락할까 해서 주소록을 찾아요.

1) 선 생 : 왜 병원에 가세요? (검사를 받아 보다)
　 학 생 : 검사를 받아 볼까 해서 병원에 가요.

2) 선 생 : 왜 송 선생님을 찾아 가셨어요? (학교 문제를 의논하다)
   학 생 : 학교 문제를 의논할까 해서 송 선생님을 찾아 갔어요.

3) 선 생 : 왜 어제 백화점에 가셨어요? (아이들 간식을 사다)
   학 생 : 아이들 간식을 살까 해서 어제 백화점에 갔어요.

4) 선 생 : 왜 그림을 사셨어요? (교실에 걸어 놓다)
   학 생 : 교실에 걸어 놓을까 해서 그림을 샀어요.

5) 선 생 : 왜 그 사람을 만나려고 하세요? (미경이 소식을 듣다)
   학 생 : 미경이 소식을 들을까 해서 그 사람을 만나려고 해요.

23. 1 D3

(보기) 선 생 : 고속도로가 붐볐어요? (귀성객들)
       학 생 : 예, 귀성객들로 고속도로가 붐볐어요.

1) 선 생 : 어제 결석했어요? (감기)
   학 생 : 예, 감기로 어제 결석했어요.

2) 선 생 : 사람들이 많이 다쳤어요? (교통사고)
   학 생 : 예, 교통사고로 사람들이 많이 다쳤어요.

3) 선 생 : 이또 씨가 회의에 못 오셨어요? (아주 바쁜 일)
   학 생 : 예, 아주 바쁜 일로 이또 씨가 회의에 못 오셨어요.

4) 선 생 : 스미스 씨가 미국에 가셨어요? (비자 문제)
   학 생 : 예, 비자 문제로 스미스 씨가 미국에 가셨어요.

5) 선 생 : 올해 농사가 잘 안 됐어요? (가뭄)
   학 생 : 예, 가뭄으로 올해 농사가 잘 안 됐어요.

23.1 D4

(보기) 선 생 : 미리 연락을 해야 돼요? (미리 연락을 하지 않다 / 오
　　　　　　　해를 받다)
　　　　학 생 : 예, 미리 연락을 하지 않으면 오해를 받을 염려가 있
　　　　　　　어요.

1) 선 생 : 창문을 닫아야 돼요? (창문을 닫지 않다 / 감기에 걸리다)
　 학 생 : 예, 창문을 닫지 않으면 감기에 걸릴 염려가 있어요.

2) 선 생 : 지금 곧 전화를 걸어야 돼요? (나중에 걸다 / 못 만나다)
　 학 생 : 예, 나중에 걸면 못 만날 염려가 있어요.

3) 선 생 : 음식을 냉장고에 넣어야 돼요? (음식을 냉장고에 넣지 않다
　　　　　 / 상하다)
　 학 생 : 예, 음식을 냉장고에 넣지 않으면 상할 염려가 있어요.

4) 선 생 : 저기에다 주차해야 돼요? (여기에다 주차하다 / 사고가 나다)
　 학 생 : 예, 여기에다 주차하면 사고가 날 염려가 있어요.

5) 선 생 : 설명서를 읽어야 돼요? (설명서를 읽지 않다 / 잘못 사용하다)
　 학 생 : 예, 설명서를 읽지 않으면 잘못 사용할 염려가 있어요.

23.2 D1

(보기) 선 생 : 입학시험에 붙었어요? (경쟁률이 높다)
　　　　학 생 : 예, 경쟁률이 높아서 걱정을 했는데 이젠 마음이 놓
　　　　　　　여요.

1) 선 생 : 듣기시험을 잘 봤어요? (연습을 못 하다)
　 학 생 : 예, 연습을 못 해서 걱정을 했는데 이젠 마음이 놓여요.

2) 선 생 : 장마가 끝났어요? (비가 너무 많이 오다)
   학 생 : 예, 비가 너무 많이 와서 걱정을 했는데 이젠 마음이 놓여요.

3) 선 생 : 아이의 감기가 다 나았어요? (감기가 오래 가다)
   학 생 : 예, 감기가 오래 가서 걱정을 했는데 이젠 마음이 놓여요.

4) 선 생 : 비행기가 착륙했어요? (안개가 많이 끼다)
   학 생 : 예, 안개가 많이 끼어서 걱정을 했는데 이젠 마음이 놓여요.

5) 선 생 : 주식값이 올랐어요? (주식값이 계속 내리다)
   학 생 : 예, 주식값이 계속 내려서 걱정을 했는데 이젠 마음이 놓여요.

23. 2 D2

(보기) 선 생 : 지금 떠납니다.
       학 생 : 지금 떠나려던 참이었습니다.

1) 선 생 : 커피를 마십니다.
   학 생 : 커피를 마시려던 참이었습니다.

2) 선 생 : 지금 도서관에 갑니다.
   학 생 : 지금 도서관에 가려던 참이었습니다.

3) 선 생 : 그때 우리는 점심을 먹습니다.
   학 생 : 그때 우리는 점심을 먹으려던 참이었습니다.

4) 선 생 : 몰라서 다시 한 번 물어 봅니다.
   학 생 : 몰라서 다시 한 번 물어 보려던 참이었습니다.

5) 선 생 : 지금 잠자리에 듭니다.
   학 생 : 지금 잠자리에 들려던 참이었습니다.

23. 2 D3

(보기) 선 생 : 점심을 먹으러 갈까요? (점심을 먹다)
　　　　 학 생 : 예, 그렇지 않아도 점심을 먹으려던 참이었어요.

1) 선 생 : 숙제를 도와 드릴까요? (부탁하다)
　 학 생 : 예, 그렇지 않아도 부탁하려던 참이었어요.

2) 선 생 : 커피나 마실까요? (차를 한잔하다)
　 학 생 : 예, 그렇지 않아도 차를 한잔하려던 참이었어요.

3) 선 생 : 쇠고기를 사러 갈까요? (장을 보러 가다)
　 학 생 : 예, 그렇지 않아도 장을 보러 가려던 참이었어요.

4) 선 생 : 사전을 빌려 드릴까요? (사전을 빌려 달라고 하다)
　 학 생 : 예, 그렇지 않아도 사전을 빌려 달라고 하려던 참이었어요.

5) 선 생 : 같이 은행에 갈까요? (같이 은행에 가자고 하다)
　 학 생 : 예, 그렇지 않아도 같이 은행에 가자고 하려던 참이었어요.

23. 2 D4

(보기) 선 생 : 누구에게 성적표를 보였어요? (누나)
　　　　 학 생 : 누나에게 성적표를 보였어요.

1) 선 생 : 미영이를 울린 사람이 누구예요? (영희 오빠)
　 학 생 : 미영이를 울린 사람이 영희 오빠예요.

2) 선 생 : 짐을 맡기는 데가 어디예요? (1층)
　 학 생 : 짐을 맡기는 데가 1층이예요.

3) 선 생 : 아이에게 밥을 먹이고 있는 분이 누구예요? (아이의 할머니)
　 학 생 : 아이에게 밥을 먹이고 있는 분이 아이의 할머니예요.

4) 선 생 : 그 시간에 학생들에게 뭘 읽혔어요? (신문 기사)
   학 생 : 그 시간에 학생들에게 신문 기사를 읽혔어요.

5) 선 생 : 영수가 몇 시에 깨워 달라고 했어요? (새벽 네 시)
   학 생 : 영수가 새벽 네 시에 깨워 달라고 했어요.

23.2 D5

(보기) 선 생 : 선생님이 웃습니다. (학생들 / 웃기다)
        학 생 : 학생들이 선생님을 웃깁니다.

1) 선 생 : 제가 아침 여섯 시에 깹니다. (아주머니 / 깨우다)
   학 생 : 아주머니가 저를 아침 여섯 시에 깨웁니다.

2) 선 생 : 환자가 살았습니다. (의사 / 살렸다)
   학 생 : 의사가 환자를 살렸습니다.

3) 선 생 : 교통 경찰이 면허증을 봅니다. (운전자 / 보이다)
   학 생 : 운전자가 교통 경찰에게 면허증을 보입니다.

4) 선 생 : 학생들이 교과서를 읽습니다. (선생님 / 읽히다)
   학 생 : 선생님이 학생들에게 교과서를 읽힙니다.

5) 선 생 : 김 과장이 그 일을 맡았습니다. (사장님 / 맡겼다)
   학 생 : 사장님이 김 과장에게 그 일을 맡겼습니다.

23.2 D6

(보기) 선 생 : 어디에 차를 세울까요? (저 건물 앞)
        학 생 : 저 건물 앞에 세우세요.

1) 선 생 : 누가 미선이를 울렸어요? (오빠)
   학 생 : 오빠가 미선이를 울렸어요.

2) 선 생 : 누가 이렇게 음식을 많이 남겼어요? (경희)
   학 생 : 경희가 이렇게 음식을 많이 남겼어요.

3) 선 생 : 누가 아기에게 우유를 먹여요? (어머니)
   학 생 : 어머니가 아기에게 우유를 먹여요.

4) 선 생 : 누구에게 먼저 이 소식을 알리겠어요? (부모님)
   학 생 : 부모님에게 먼저 이 소식을 알리겠어요.

5) 선 생 : 영수에게 무슨 옷을 입혔어요? (청바지)
   학 생 : 영수에게 청바지를 입혔어요.

23.3 D1

(보기) 선 생 : 저 호텔은 시설이 좋아요. (숙박료)
       학 생 : 숙박료는 어떻게 됩니까?

1) 선 생 : 저는 이번에 이사를 했어요. (전화번호)
   학 생 : 전화번호는 어떻게 됩니까?

2) 선 생 : 이 아파트는 살기가 편해요. (전세 값)
   학 생 : 전세 값은 어떻게 됩니까?

3) 선 생 : 그 회사는 월급이 많아요. (보너스)
   학 생 : 보너스는 어떻게 됩니까?

4) 선 생 : 좌석버스가 일반버스보다 편해요. (요금)
   학 생 : 요금은 어떻게 됩니까?

5) 선 생 : 이 예금으로 하세요. (이자율)
   학 생 : 이자율은 어떻게 됩니까?

23. 3 D2

(보기) 선 생 : 한국말을 계속 배우실 겁니까?
       학 생 : 한국말을 계속 배우실 건가요?

1) 선 생 : 대기업에 취직하실 겁니까?
   학 생 : 대기업에 취직하실 건가요?

2) 선 생 : 그 사람의 부탁을 들어주실 겁니까?
   학 생 : 그 사람의 부탁을 들어주실 건가요?

3) 선 생 : 그 문제를 어떻게 해결하실 겁니까?
   학 생 : 그 문제를 어떻게 해결하실 건가요?

4) 선 생 : 손님을 어떻게 대접하실 겁니까?
   학 생 : 손님을 어떻게 대접하실 건가요?

5) 선 생 : 잔칫상을 어떻게 차리실 겁니까?
   학 생 : 잔칫상을 어떻게 차리실 건가요?

23. 3 D3

(보기) 선 생 : 다음 달에 결혼을 해요. (어디에서 하시다)
       학 생 : 어디에서 하실 건가요?

1) 선 생 : 내일부터 1주일 동안 휴가예요. (뭘 하시다)
   학 생 : 뭘 하실 건가요?

2) 선 생 : 다음 주가 어머니 생신이에요. (어떤 선물을 사 드리다)
   학 생 : 어떤 선물을 사 드릴 건가요?

3) 선 생 : 다음 학기에 독일로 유학을 가요. (뭘 전공하시다)
   학 생 : 뭘 전공하실 건가요?

4) 선 생 : 30만 원을 찾고 싶어요. (수표로 찾으시다)
   학 생 : 수표로 찾으실 건가요?

5) 선 생 : 이 소포를 보내려고 하는데요. (속달로 보내시다)
   학 생 : 속달로 보내실 건가요?

23. 4 D1

(보기) 선 생 : 손님을 초대했는데 음식을 준비해 주세요. (얼마나 준비하다)
       학 생 : 얼마나 준비하면 됩니까?

1) 선 생 : 감기가 들었는데 약 좀 사다가 주세요. (무슨 약을 사 오다)
   학 생 : 무슨 약을 사 오면 됩니까?

2) 선 생 : 듣기연습을 더 열심히 하세요. (어떻게 연습하다)
   학 생 : 어떻게 연습하면 됩니까?

3) 선 생 : 오늘은 제가 집에 있을테니까 놀러 오세요. (언제쯤 찾아 가다)
   학 생 : 언제쯤 찾아 가면 됩니까?

4) 선 생 : 그림 전시회를 하는데 구경하러 오세요. (어디로 가다)
   학 생 : 어디로 가면 됩니까?

5) 선 생 : 이 바지 길이를 좀 줄여야겠어요. (얼마나 줄이다)
   학 생 : 얼마나 줄이면 됩니까?

23.4 D2

(보기) 선 생 : 아래층에서 친구가 기다립니다 / 빨리 내려가 보십시오.

학 생 : 아래층에서 친구가 기다리니 빨리 내려가 보세요.

1) 선 생 : 음악회가 곧 시작됩니다 / 빨리 들어갑시다.
   학 생 : 음악회가 곧 시작되니 빨리 들어갑시다.

2) 선 생 : 내가 금방 갑니다 / 조금만 더 기다려 주십시오.
   학 생 : 내가 금방 가니 조금만 더 기다려 주십시오.

3) 선 생 : 내일 시험을 봅니다 / 오늘은 술을 안 마실 겁니다.
   학 생 : 내일 시험을 보니 오늘은 술을 안 마실 겁니다.

4) 선 생 : 경호가 요즘 열심히 공부합니다 / 성적이 좋아지겠지요?
   학 생 : 경호가 요즘 열심히 공부하니 성적이 좋아지겠지요?

5) 선 생 : 시간이 늦었습니다 / 택시를 타고 갑시다.
   학 생 : 시간이 늦었으니 택시를 타고 갑시다.

23.4 D3

(보기) 선 생 : 우산을 가져 갈까요? (비가 올 것 같다)

학 생 : 예, 비가 올 것 같으니 우산을 가져 가세요.

1) 선 생 : 음식을 더 준비할까요? (손님이 많이 오다)
   학 생 : 예, 손님이 많이 오니 음식을 더 준비하세요.

2) 선 생 : 오 선생님께 다시 전화할까요? (지금은 집에 계실 것 같다)
   학 생 : 예, 지금은 집에 계실 것 같으니 오 선생님께 다시 전화하세요.

3) 선 생 : 그분에게 물어 볼까요? (그분이 책임자이다)
  학 생 : 예, 그분이 책임자이니 그분에게 물어 보세요.

4) 선 생 : 텔레비전 소리를 조금 작게 할까요? (애기가 자고 있다)
  학 생 : 예, 애기가 자고 있으니 텔레비전 소리를 조금 작게 하세요.

5) 선 생 : 두꺼운 옷을 입을까요? (날씨가 춥다)
  학 생 : 예, 날씨가 추우니 두꺼운 옷을 입으세요.

23.5 D1

(보기) 선 생 : 요즘은 매일 비가 오는군요. (장마철이다)
      학 생 : 장마철이잖아요?

1) 선 생 : 사과를 세 개나 드세요? (맛있다)
  학 생 : 맛있잖아요?

2) 선 생 : 요즘 왜 그렇게 피곤해 보이죠? (일요일에도 일을 하다)
  학 생 : 일요일에도 일을 하잖아요?

3) 선 생 : 기분이 좋아 보이는군요. (시험이 끝났다)
  학 생 : 시험이 끝났잖아요?

4) 선 생 : 그분은 중국말을 아주 잘 하는군요. (북경에서 5년 동안 살
          았다)
  학 생 : 북경에서 5년 동안 살았잖아요?

5) 선 생 : 왜 술을 더 안 드세요? (벌써 많이 마셨다)
  학 생 : 벌써 많이 마셨잖아요?

23.5   D2

(보기) 선 생 : 필요없는 서류를 다 태웠습니다.
　　　　학 생 : 필요없는 서류를 다 태워 버렸습니다.

1) 선 생 : 동생이 내 빵을 다 먹었습니다.
　 학 생 : 동생이 내 빵을 다 먹어 버렸습니다.

2) 선 생 : 아이스크림이 다 녹았습니다.
　 학 생 : 아이스크림이 다 녹아 버렸습니다.

3) 선 생 : 음악 소리가 시끄러워서 라디오를 껐습니다.
　 학 생 : 음악 소리가 시끄러워서 라디오를 꺼 버렸습니다.

4) 선 생 : 더워서 머리를 짧게 잘랐습니다.
　 학 생 : 더워서 머리를 짧게 잘라 버렸습니다.

5) 선 생 : 동생이 내 옷을 달라고 해서 주었습니다.
　 학 생 : 동생이 내 옷을 달라고 해서 줘 버렸습니다.

23.5   D3

(보기) 선 생 : 그 사람 이름이 생각나요? (잊었다)
　　　　학 생 : 아니오, 잊어 버렸어요.

1) 선 생 : 10만 원을 벌써 썼어요? (지하철에서 잃었다)
　 학 생 : 아니오, 지하철에서 잃어 버렸어요.

2) 선 생 : 김밥이 남았어요? (너무 맛있어서 다 먹었다)
　 학 생 : 아니오, 너무 맛있어서 다 먹어 버렸어요.

3) 선 생 : 요즘도 다이어트를 하세요? (힘들어서 포기했다)
　 학 생 : 아니오, 힘들어서 포기해 버렸어요.

4) 선 생 : 그 영화를 재미있게 보셨어요? (재미가 없어서 나왔다)
   학 생 : 아니오, 재미가 없어서 나와 버렸어요.

5) 선 생 : 박 선생님이 아직 계세요? (기다리다가 가셨다)
   학 생 : 아니오, 기다리다가 가 버리셨어요.

23.5 D4

(보기) 선 생 : 이 일은 제가 하겠습니다.
　　　학 생 : 이 일은 제가 할게요.

1) 선 생 : 다음엔 제가 점심을 사겠습니다.
   학 생 : 다음엔 제가 점심을 살게요.

2) 선 생 : 최 선생님께는 제가 연락하겠습니다.
   학 생 : 최 선생님께는 제가 연락할게요.

3) 선 생 : 바쁘실텐데 제가 도와 드리겠습니다.
   학 생 : 바쁘실텐데 제가 도와 드릴게요.

4) 선 생 : 제가 아기를 재우겠습니다.
   학 생 : 제가 아기를 재울게요.

5) 선 생 : 제 책상은 제가 정리하겠습니다.
   학 생 : 제 책상은 제가 정리할게요.

23.5 D5

(보기) 선 생 : 몇 시까지 오시겠어요? (세 시)
　　　학 생 : 세 시까지 올게요.

1) 선 생 : 무슨 차를 마시겠어요? (커피)
   학 생 : 커피를 마실게요.

2) 선 생 : 언제까지 이 일을 끝내겠어요? (내일 오후)
   학 생 : 내일 오후까지 이 일을 끝낼게요.

3) 선 생 : 좌담회 사회는 누가 보시겠어요? (저)
   학 생 : 좌담회 사회는 제가 볼게요.

4) 선 생 : 언제 집 수리를 시작하시겠어요? (다음 주)
   학 생 : 다음 주에 집 수리를 시작할게요.

5) 선 생 : 언제부터 컴퓨터를 가르쳐 주시겠어요? (이번 주말)
   학 생 : 이번 주말부터 가르쳐 줄게요.

제 24과

오래간만입니다

1

우리는 늘 만나고 헤어진다.

그 '만남'이 행복일 수도 있고 불행일 수도 있다. '슬프기로는 생이별만큼 슬픈 것이 없고 즐겁기로는 새로운 만남만큼 즐거운 것이 없다'는 옛시인의 말도 있다. 하여튼 보고 싶었던 사람을 오래간만에 만나는 것처럼 기쁜 일은 없다. 버스 안에서나 길을 가다가 또는 시장에서 우연히 만날 때는 더욱 그렇다.

오늘 퇴근하는 길에 우연히 정 선생님을 만났다. 졸업하고 나서는 처음이다. 뜻밖에 뵈니 참 반가웠다.

선생님과 다방에 앉아 있으니까 즐거웠던 학교 시절이 생각난다.

그 때의 우리 반 친구들은 지금 어디서 무엇을 하고 있는지….

"우리들은 선생님을 호랑이 선생님이라고 불렀어요."

생이별   parting by circumstances(forever)   시인   poet
하여튼   anyway, all in all   우연히   by chánce   뜻밖에   unexpectedly
시절   days   호랑이   tiger

"그랬었어? 허허허허."
선생님의 웃음소리는 하나도 변하지 않았다. 웃으실 때 어린 아이 같은 표정도 여전하시다.

처음 학교에 입학했을 때 선생님의 첫 인상은 퍽 무뚝뚝했다. 그래서 처음에는 가까이 하기가 어려웠었다. 그러나 점점 마음이 따뜻한 분인 것을 알게 되었다.

선생님은 학생들을 잘 이해해 주시고 도와 주셨다. 문제가 있는 학생들은 언제나 선생님을 찾아가 의논을 했다. 난 선생님의 단골손님이었다.

웃음소리	laughter	어린 아이	child	표정	expression
여전하다	to be the same as before			인상	impression
무뚝뚝하다	to be reserved and unkind			가까이하다	to become close
점점	gradually				

2

선생님 : 아니 이게 누구야? 김영수 아니야?
영 수 : 선생님, 정말 오래간만입니다. 그동안 안녕하셨습니까?
선생님 : 난 벌써 일본으로 간 줄 알았는데. 지금 뭘 하고 있지?
영 수 : 얼마 전에 김 박사님의 추천으로 취직을 했어요.
선생님 : 그것 참 잘 됐군. 직장은 어디야?
영 수 : 무역회사인데 작은 회사라서 분위기가 좋습니다.

| 추천 | recommendation | 취직하다 | to get a job | 직장 | job |
| 무역회사 | trading company | | | | |

3

선생님 :   직장에서는 무슨 일을 맡고 있지?

영　수 :   수출과에 있습니다. 그래서 해외 출장을 자주 갑니다.

선생님 :   영수는 실력도 있고, 게다가 성실하니까 무슨 일이든지 잘 할거야.

영　수 :   고맙습니다. 열심히 하겠습니다.

선생님 :   그런데 말이야, 혹시 존슨 소식은 알고 있어?

영　수 :   예, 지금 특파원으로 와 있는데 곧 승진이 된대요.

수출과	exporting section	해외출장	business trip abroad	실력	capability
게다가	in addition	성실하다	to be responsible	특파원	special correspondent

4

선생님 :   그거 축하할 일이군! 그래, 자주들 만나?

영　수 :   서로 바빠서요. 한 달에 한 번 정도 밖에 만날 수가 없습니다.

선생님 :   다음에 만나면 안부나 전해 줘.

영　수 :   예, 그런데 요즘 존슨한테 무슨 고민이 생겼나봐요. 우울해 보여요.

정도	about	고민	worry	우울하다	to be depressed

선생님 : 그래? 무슨 일일까?

영 수 : 말을 안해서 잘은 모르겠습니다만 결혼 문제 같아요.

5

선생님 : 우리 어디 가서 차나 한잔할까?

영 수 : 오늘은 제가 모시도록 하겠습니다.

선생님 : 여긴 우리 동네니까 내가 안내하지.

영 수 : 선생님도 이 동네에서 사십니까? 저도 이곳에서 하숙을 하고
        있는데요.

선생님 : 그래? 한 동네에 사는 걸 몰랐었군. 틈이 나는 대로 우리 집
        에 놀러 와.

영 수 : 예, 존슨한테 연락해서 함께 찾아 뵙겠습니다.

동네   neighborhood   틈이 나다   to have spare(free) time

Lesson 24

Long Time No See

1

Our life is made up of meeting and seperating.

Sometimes meeting people can bring much happiness but it can also bring unhappiness. As said by an old poet, "There is nothing more upsetting as parting with people and nothing more delightful as meeting new people. All in all there is nothing like the good feeling of meeting someone you haven't seen for a long time. It's even better when you meet them on the bus, or walking along the street or accidently at the market.

On the way home today I met Mr. Chong, my teacher. This was the first time I'd seen him since I graduated. It was very good to meet him unexpectedly. Sitting with my teacher in a tea house made me think about my happy school days. I wonder where my classmates from then are and what they are doing.

"We used to call you Mr. Tiger."

"Really? Huh huh huh."

The sound of his laughter hadn't changed a bit. That child-like expression on his face when he laughed was just the same.

My first impression of him when I started school was that he was very serious. So at first it was hard to get close to him. However, little by little I learned that he had a warm heart.

He tried hard to understand his students and help them. Students with problems could visit him anytime and discuss their problems. I was one of his regulars.

2

Teacher	:	No! Who is this? Aren't you Kim Young-su?
Young-su	:	Sir. It has been a long time. How have you been?
Teacher	:	I thought you had already gone to Japan. What are you doing now?
Young-su	:	Not long ago Professor Kim helped me get a job.
Teacher	:	That's great. Where is your job?
Young-su	:	I work at Trading Company. It's a small company and atmosphere is great.

3

Teacher	:	What do you do at work?
Young-su	:	I am in the export section. So I go on a lot of trips abroad.
Teacher	:	Young-su, you have talent and you work hard so you will do well at what ever you do.
Young-su	:	Thank you. I'll work hard.
Teacher	:	Say, do you happen to have any news about Johnson?
Young-su	:	Yeah, he is here now as a special reporter. He says that he will be promoted soon.

4

Teacher	:	That's something to congratulate him about. Do you meet often?
Young-su	:	We are both very busy so we can only meet about once a month.
Teacher	:	Next time you meet him give him my greetings.
Young-su	:	OK. But lately it looks like something is bothering him. He looks depressed.
Teacher	:	Really? I wonder what the problem is.
Young-su	:	He hasn't said anything so I don't know for sure but it looks like a marriage problem.

5

Teacher   :   Can we go some place and have some tea?

Young-su :   Yes, I will treat you today.

Teacher   :   This is my neck of the woods so I'll lead.

Young-su :   Do you live here too? I'm in a boarding house here.

Teacher   :   Really? I didn't know we were living in the same neighborhood. When you have time, drop by our house.

Young-su :   I'll call Johnson and we'll visit together.

문 법

24. 1 G1 -처럼

• This adverbial particle is attached to a noun and shows that something is like that noun.

예: 밤이 낮처럼 밝네요.	The night is as bright as the day.
너처럼 게으른 아이 처음 보았다.	I've never seen a child as lazy as you.
비둘기처럼 다정한 부부가 싸우다니!	An affectionate couple like dove fight!
남의 말하는 것처럼 나쁜 것은 없어요.	There is nothing worse that than speaking of others.
그 애가 하는 것처럼 너도 따라 해 봐.	Try to do what that child is doing.

24. 1 G2 -고 나다

• When used with an action verb this form indicates the completion of the act. It is often used with forms like -어서, -(으)니까, -(으)면 resulting in -고 나서, -고 나니까, -고 나면.

• -고 나서 indicates that the action of the second clause happens after the completion of the action of the first clause. This is similar to the way is used to indicate sequence and in such cases -고 나서 and -고 are interchangeable.

예: 지금 막 저녁을 먹고 났어. I just finished eating dinner.

자고 나서 정신이 멍해요. Right after I sleep I am a bit groggy.

나이를 물어 보고 나서 후회했 As soon as I asked her age I regretted it.
어요.

급한 일부터 해 놓고 나서 After we take care of the urgent business
다음 일을 생각해 봅시다. then let's think about what to do next.

한참 울고 나니까 속이 다 After I cried for a while I felt much better.
시원해요.

24. 1 G3 -어 있다

• This form is used with action verbs and indicates the continuance of a condition that results from the completion of a previous action.

예: 사방에 꽃이 피어 있으니까 Flowers are blooming all around and it
보기 좋다! looks great!

신랑은 특파원으로 해외에 The groom is overseas as a special corres-
나가 있어요. pondent.

광고가 게시판에 붙어 있으니 The advertisement is on the bulletin board.
까 읽어 보세요. Read it.

가족하고 떨어져 있으면 You will probably be a little lonely when
그리울 거야. you live away from your family.

칠판에 써 있으니까 베껴요. It is on the blackboard so copy it.

24. 2 G1 -는 줄 알다

• This form is used with action verbs and indicates that someone knew or predicted something.

예: 그 사람이 한국에 와 있는 줄
　　알고 있어요.

'As far as I know he is in Korea.

당근이 몸에 좋은 줄 알아요.
그렇지만 먹기 싫어요.

I know that radishes are good for you but I hate them.

그 사람은 자식이 귀한 줄
몰라요.

He doesn't know how precious children are.

그 안건에 대해서 의논할 줄
몰랐습니다.

I didn't know there would be a discussion about the proposal.

이별이 이렇게 괴로울 줄
몰랐어.

I didn't know it would be this hard to say goodbye.

24. 3 G1   -(이) 야

• This is a low form of -입니다 and is attached to the noun. It is softer than -이다. It is usually used in spoken language.

예: 저기 날아가는 게 호랑나비야.

That one flying over there is a large spotted butterfly.

그게 뭐야? 돈이야?

What is that? money?

아까 만난 아가씨가 내 사촌
동생이야.

The girl you just met is my cousin.

| 지금쯤 가면 모두들 집에 있을 거야. | If you go now everyone will be at home. |
| 그 사람이 부탁하면 들어 줘야 할 거야. | If he asks you I think you have to do it for him. |

24. 3 G2 -는대요

• This is a contracted form of the indirect discourse ending -는다고 해요. It is used with action and descriptive verbs. (See 18. 2 G1)

• The 4 types of sentences it can be used with are listed below. Depending upon the type of the quoted sentence, different forms are used as follows:

-(이)라고 해요/-(ㄴ/는)다고 해요 → -(이)래요/-(ㄴ/는)대요
-(느/으)냐고 해요 → -(느/으)내요
-(으)라고 해요 → -(으)래요
-자고 해요 → -재요

예: 산 게 아니고 빌린 책이래요.	He said that he didn't buy the book, he borrowed it.
길이 미끄러워서 넘어졌대요.	He said that he fell because the roads were slippery.
언제쯤 시간을 낼 수 있내요.	He asked when you would have a little free time.
잔소리 하는 것은 듣기 싫대요.	He says that he hates to listen to small talk.
커피 물 좀 불에 올려 놓으래요.	He said to put some water for the coffee on the burner.

24. 4 G1   -(으)ㄹ까?

• This is attached to a verb and indicates the speaker's doubt or concern about something.

예: 그런 자리에 정장이 어울릴까?   Will formal dress be proper there?

저 아이는 언제 철이 들까?   When will that child grow up?

네 대신 내가 가면 오해 받지   If I go instead of you won't they mis-
않을까?   understand?

10년이 지났으니 동창들이 얼   It has been 10 years. I wonder how much
마나 변했을까?   my classmates will have changed.

그 일을 직접하는 게 좋을까?   Should I do the work myself or assign it to
맡기는 게 좋을까?   someone else?

24. 5 G1   -도록

• This form indicates that some action or condition continues "to the point where …", "until …", or "so that…"

예: 피곤하면 쉬도록 하세요.   When you get tired, take a rest.

회의에 늦지 않도록 하세요.   Make sure you are not late to the meeting.

중요한 것이니까 잊지 않도록   It is important so make sure that you don't
해야 해.   forget.

내가 알아 들을 수 있도록 천   Speak slowly so that I can understand.
천히 말해요.

아이가 편식하지 않도록 골고루 먹입니다.

I feed my child different kinds of food so he won't be picky eaters.

바람이 통하도록 문을 열어 놓아요.

Open the door so a breeze can blow through.

밤새도록 친구하고 얘기했나 봐요.

It looks like you stayed up all night talking with your friend.

봄이 다 지나도록 꽃이 안 핍니다.

Spring has passed and the flowers aren't blooming.

우린 영원토록 변치 말자.

Let's never change.

유형 연습

24. 1 D1

(보기) 선 생 : 스미스 씨 / 한국사람 / 한국말을 해요.
　　　 학 생 : 스미스 씨가 한국사람처럼 한국말을 해요.

1) 선 생 : 그 아이 / 어른 / 행동해요.
　 학 생 : 그 아이가 어른처럼 행동해요.

2) 선 생 : 하숙집 아주머니가 / 어머니 / 잘 해 주십니다.
　 학 생 : 하숙집 아주머니 어머니처럼 잘 해 주십니다.

3) 선 생 : 10년 / 하루 / 빨리 지나갔어요.
　 학 생 : 10년이 하루처럼 빨리 지나갔어요.

4) 선 생 : 도시 공기 / 시골 공기 / 맑았으면 좋겠어요.
　 학 생 : 도시 공기가 시골 공기처럼 맑았으면 좋겠어요.

5) 선 생 : 그 여자 피부 / 눈 / 하얗고 깨끗해요.
　 학 생 : 그 여자 피부가 눈처럼 하얗고 깨끗해요.

24. 1 D2

(보기) 선 생 : 일본 사람들도 한국 사람들처럼 젓가락을 씁니까?
　　　 학 생 : 예, 일본 사람들도 한국 사람들처럼 젓가락을 씁니다.

1) 선 생 : 미국도 한국처럼 사계절이 있습니까?
　 학 생 : 예, 미국도 한국처럼 사계절이 있습니다.

2) 선 생 : 현우도 형처럼 노래를 잘 부릅니까?
   학 생 : 예, 현우도 형처럼 노래를 잘 부릅니다.

3) 선 생 : 지리산도 설악산처럼 단풍이 아름답습니까?
   학 생 : 예, 지리산도 설악산처럼 단풍이 아름답습니다.

4) 선 생 : 그 백화점도 다른 백화점처럼 휴일이 없습니까?
   학 생 : 예, 그 백화점도 다른 백화점처럼 휴일이 없습니다.

5) 선 생 : 대통령도 우리들처럼 세금을 냅니까?
   학 생 : 예, 대통령도 우리들처럼 세금을 냅니다.

24. 1 D3

(보기) 선 생 : 숙제를 했습니다 / 저녁을 먹었습니다.
       학 생 : 숙제를 하고 나서 저녁을 먹었습니다.

1) 선 생 : 다림질을 했습니다 / 설거지를 했습니다.
   학 생 : 다림질을 하고 나서 설거지를 했습니다.

2) 선 생 : 치료를 받았습니다 / 많이 좋아졌습니다.
   학 생 : 치료를 받고 나서 많이 좋아졌습니다.

3) 선 생 : 그 소설을 읽습니다 / 토론을 해 봅시다.
   학 생 : 그 소설을 읽고 나서 토론을 해 봅시다.

4) 선 생 : 비디오를 보십시오 / 그 내용을 요약하십시오.
   학 생 : 비디오를 보고 나서 그 내용을 요약하십시오.

5) 선 생 : 구두를 샀습니다 / 한 번도 신지 않았습니다.
   학 생 : 구두를 사고 나서 한 번도 신지 않았습니다.

24. 1   D4

(보기) 선 생 : 무슨 일부터 할까요? (청소부터 하다 / 빨래를 합시다)
　　　　학 생 : 청소부터 하고 나서 빨래를 합시다.

1) 선 생 : 어제 친구를 만나서 무엇을 했어요? (영화를 봤다 / 저녁을
　　　　　먹으러 갔어요)
　　학 생 : 영화를 보고 나서 저녁을 먹으러 갔어요.

2) 선 생 : 그 모임에 참석하는 사람이 몇 명쯤 될까요? (제가 알아 보
　　　　　다 / 말씀드리겠어요)
　　학 생 : 제가 알아 보고 나서 말씀드리겠어요.

3) 선 생 : 그 일을 어떻게 할까요? (다 같이 의논하다 / 결정합시다)
　　학 생 : 다 같이 의논하고 나서 결정합시다.

4) 선 생 : 요즘 철이가 어떻게 지내는지 아세요? (졸업했다 / 한 번도
　　　　　못 만났어요)
　　학 생 : 졸업하고 나서 한 번도 못 만났어요.

5) 선 생 : 그 사람은 한국에서 뭘 하려고 해요? (한국말을 배우다 / 한
　　　　　국에서 취직하려고 한대요)
　　학 생 : 한국말을 배우고 나서 한국에서 취직하려고 한대요.

24. 1   D5

(보기) 선 생 : 친구가 한국에 왔습니다.
　　　　학 생 : 친구가 한국에 와 있습니다.

1) 선 생 : 교실 문이 열렸습니다.
　　학 생 : 교실 문이 열려 있습니다.

2) 선 생 : 마당에 눈이 많이 쌓였습니다.
   학 생 : 마당에 눈이 많이 쌓여 있습니다.

3) 선 생 : 그 방이 비었습니다.
   학 생 : 그 방이 비어 있습니다.

4) 선 생 : 벽에 멋있는 그림이 걸렸습니다.
   학 생 : 벽에 멋있는 그림이 걸려 있습니다.

5) 선 생 : 식탁 위에 숟가락과 젓가락이 놓였습니다.
   학 생 : 식탁 위에 숟가락과 젓가락이 놓여 있습니다.

24. 1 D6

(보기) 선 생 : 사전이 어디에 놓여 있어요? (책상 위)
       학 생 : 사전이 책상 위에 놓여 있어요.

1) 선 생 : 그분이 지금 어디에 가 있어요? (고향)
   학 생 : 그분이 지금 고향에 가 있어요.

2) 선 생 : 용돈이 얼마나 남아 있어요? (3만 5천 원쯤)
   학 생 : 용돈이 3만 5천 원쯤 남아 있어요.

3) 선 생 : 다음 학기 등록 안내는 어디에 붙어 있어요? (저 게시판)
   학 생 : 다음 학기 등록 안내는 저 게시판에 붙어 있어요.

4) 선 생 : 저기 쌓여 있는 쓰레기는 언제 버릴 거예요? (내일 아침)
   학 생 : 저기 쌓여 있는 쓰레기는 내일 아침에 버릴 거예요.

5) 선 생 : 저기에 걸려 있는 것은 무엇입니까? (우리 나라 국기)
   학 생 : 저기 걸려 있는 것은 우리 나라 국기입니다.

24. 2 D1

(보기) 선 생 : 그분이 한국에 왔습니다 / 알았습니다.
　　　 학 생 : 그분이 한국에 온 줄 알았습니다.

1) 선 생 : 송 선생님이 병원에 입원하셨습니다 / 몰랐습니다.
　 학 생 : 송 선생님이 병원에 입원하신 줄 몰랐습니다.

2) 선 생 : 취미로 그림을 그리십니다 / 알았습니다.
　 학 생 : 취미로 그림을 그리시는 줄 알았습니다.

3) 선 생 : 그 도시가 호주에 있습니다 / 몰랐습니다.
　 학 생 : 그 도시가 호주에 있는 줄 몰랐습니다.

4) 선 생 : 미애가 입학시험에 합격하겠습니다 / 알았습니다.
　 학 생 : 미애가 입학시험에 합격할 줄 알았습니다.

5) 선 생 : 직장 생활이 이렇게 어렵겠습니다 / 몰랐습니다.
　 학 생 : 직장 생활이 이렇게 어려울 줄 몰랐습니다.

24. 2 D2

(보기) 선 생 : 영호가 공부를 하지 않아서 걱정이에요. (열심히 공부
　　　　　　　하다)
　　　 학 생 : 열심히 공부하는 줄 알았는데요.

1) 선 생 : 요즘 편지가 오지 않아요. (편지가 자주 오다)
　 학 생 : 편지가 자주 오는 줄 알았는데요.

2) 선 생 : 두 사람이 날마다 싸워요. (사이가 좋다)
　 학 생 : 사이가 좋은 줄 알았는데요.

3) 선 생 : 박 선생님은 아직 혼자서 사세요? (10년 전에 결혼했다)
   학 생 : 10년 전에 결혼한 줄 알았는데요.

4) 선 생 : 그분은 딸을 낳았대요. (아들을 낳겠다)
   학 생 : 아들을 낳을 줄 알았는데요.

5) 선 생 : 생각보다 교통이 좋군요. (퇴근시간이기 때문에 차가 많겠다)
   학 생 : 퇴근시간이기 때문에 차가 많을 줄 알았는데요.

24.2 D3

(보기) 선 생 : 이 전기밥솥 어때요? (신제품이다 / 찾는 사람이 많다)
       학 생 : 신제품이라서 찾는 사람이 많아요.

1) 선 생 : 지금 타고 다니는 차는 어때요? (중고차이다 / 고장이 자주 나다)
   학 생 : 중고차라서 고장이 자주 나요.

2) 선 생 : 오늘 동대문시장 문 열어요? (일요일이다 / 문을 닫았다)
   학 생 : 일요일이라서 문을 닫았어요.

3) 선 생 : 병원에 환자가 많아요? (환절기이다 / 감기 환자가 많다)
   학 생 : 환절기라서 감기 환자가 많아요.

4) 선 생 : 그 도시가 어때요? (관광지이다 / 관광객이 많이 몰려 들다)
   학 생 : 관광지라서 관광객이 많이 몰려 들어요.

5) 선 생 : 직장 생활이 어때요? (신입사원이다 / 아직 모르는 것이 많다)
   학 생 : 신입사원이라서 아직 모르는 것이 많아요.

24.3 D1

(보기) 선 생 : 왜 그 동네 집값이 비싸요? (교통이 편리하다 / 주변
　　　　　　　　이 아름답다)
　　　　학 생 : 교통이 편리하고, 게다가 주변이 아름다우니까 그 동
　　　　　　　　네 집값이 비싸요.

1) 선 생 : 왜 이렇게 사람들이 많아요? (연말이다 / 시내 중심가이다)
　　학 생 : 연말이고, 게다가 시내 중심가니까 이렇게 사람들이 많아
　　　　　　요.

2) 선 생 : 왜 저 식당에는 손님이 많아요? (음식값이 싸다 / 주인이 친
　　　　　　절하다)
　　학 생 : 음식 값이 싸고, 게다가 주인이 친절하니까 저 식당에는 손
　　　　　　님이 많아요.

3) 선 생 : 왜 그 회사에 취직했어요? (근무조건이 좋다 / 가깝다)
　　학 생 : 근무조건이 좋고, 게다가 가까우니까 그 회사에 취직했어요.

4) 선 생 : 왜 그분을 추천하셨어요? (성실하다 / 능력도 있다)
　　학 생 : 성실하고, 게다가 능력도 있으니까 그분을 추천했어요.

5) 선 생 : 왜 그 학생이 학교에 가지 못했어요? (그동안 너무 과로했다
　　　　　　/ 감기까지 들었다)
　　학 생 : 그동안 너무 과로했고, 게다가 감기까지 들었으니까 그 학생
　　　　　　이 학교에 가지 못했어요.

24.3 D2

(보기) 선 생 : 오늘은 정기휴일이에요.
　　　　학 생 : 오늘은 정기휴일이야.

1) 선 생 : 그 병원은 종합병원이예요.
   학 생 : 그 병원은 종합병원이야.

2) 선 생 : 친구 아버지 직업은 변호사예요.
   학 생 : 친구 아버지 직업은 변호사야.

3) 선 생 : 오늘은 하루종일 집에서 쉴 거예요.
   학 생 : 오늘은 하루종일 집에서 쉴 거야.

4) 선 생 : 내년쯤 승진할 거예요.
   학 생 : 내년쯤 승진할 거야.

5) 선 생 : 그 선수는 이번 대회에 참가하지 못할 거예요.
   학 생 : 그 선수는 이번 대회에 참가하지 못할 거야.

24.3 D3

(보기) 선 생 : 조 선생님 댁이 어디야? (여의도아파트 가동 702호)
       학 생 : 여의도아파트 가동 702호야.

1) 선 생 : 시청앞으로 가는 지하철은 몇 호선이야? (1호선과 2호선)
   학 생 :   1호선과 2호선이야.

2) 선 생 : 그 식당은 뭐가 전문이야? (비빔냉면)
   학 생 : 비빔냉면이야.

3) 선 생 : 그 친구 집 전화번호가 몇 번이야? (392-2480)
   학 생 : 392-2480이야.

4) 선 생 : 대보름이 언제야? (음력 정월 보름)
   학 생 : 음력 정월 보름이야.

5) 선 생 : 이건 언제 먹는 약이야? (소화가 안 될 때 먹는 약)
   학 생 : 소화가 안 될 때 먹는 약이야.

24.3 D4

(보기) 선 생 : 제인이 살고 있는 집은 친척집이라고 해요.
　　　　학 생 : 제인이 살고 있는 집은 친척집이래요.

1) 선 생 : 그 다방은 분위기가 아주 좋다고 해요.
　 학 생 : 그 다방은 분위기가 아주 좋대요.

2) 선 생 : 민수는 을지로에서 버스를 갈아탄다고 해요.
　 학 생 : 민수는 을지로에서 버스를 갈아탄대요.

3) 선 생 : 몇 살이라고 해요?
　 학 생 : 몇 살이래요?

4) 선 생 : 이번 연휴 동안 설악산 단풍 구경을 가자고 해요.
　 학 생 : 이번 연휴 동안 설악산 단풍 구경을 가재요.

5) 선 생 : 이곳은 금연 장소이니까 담배를 피우지 말라고 해요.
　 학 생 : 이곳은 금연 장소이니까 담배를 피우지 말래요.

24.3 D5

(보기) 선 생 : 김 선생님이 언제 만나재요? (모레 저녁)
　　　　학 생 : 김 선생님이 모레 저녁에 만나재요.

1) 선 생 : 저분 직위가 뭐래요? (과장)
　 학 생 : 저분 직위가 과장이래요.

2) 선 생 : 생일날엔 무엇을 먹는대요? (미역국)
　 학 생 : 생일날엔 미역국을 먹는대요.

3) 선 생 : 문 선생님은 대학교에서 무엇을 전공했대요? (철학)
　 학 생 : 문 선생님은 대학교에서 철학을 전공했대요.

4) 선 생 : 친구가 이번 주말에 어디에 가재요? (청평유원지)

학 생 : 친구가 이번 주말에 청평유원지에 가재요.

5) 선 생 : 이 일을 언제까지 끝내래요? (오늘 오후)

학 생 : 이 일을 오늘 오후까지 끝내래요.

24. 4 D1

(보기) 선 생 : 그 건물이 올해 안에 완공됩니다.

학 생 : 그 건물이 올해 안에 완공될까?

1) 선 생 : 그 애가 내 일을 이해할 수 있습니다.

학 생 : 그 애가 내 일을 이해할 수 있을까?

2) 선 생 : 비행기가 제 시간에 도착합니다.

학 생 : 비행기가 제 시간에 도착할까?

3) 선 생 : 오늘 밤을 새울 수 있습니다.

학 생 : 오늘 밤을 새울 수 있을까?

4) 선 생 : 밥이 다 됐습니다.

학 생 : 밥이 다 됐을까?

5) 선 생 : 자동차 수리가 다 끝났습니다.

학 생 : 자동차 수리가 다 끝났을까?

24. 4 D2

(보기) 선 생 : 선생님이 그 일을 좀 맡아 주세요. (내가 그 일을 잘
할 수 있다)

학 생 : 내가 그 일을 잘 할 수 있을까?

1) 선 생 : 종로로 해서 가겠습니다. (종로로 가면 길이 안 막히다)
   학 생 : 종로로 가면 길이 안 막힐까?

2) 선 생 : 이 모자를 써 보세요. (그게 나한테 어울리다)
   학 생 : 그게 나한테 어울릴까?

3) 선 생 : 다음 주쯤에 날씨가 따뜻해질 거예요. (정말 날씨가 풀리다)
   학 생 : 정말 날씨가 풀릴까?

4) 선 생 : 김 선생님께 부탁한 자료를 달라고 하세요. (벌써 자료를 다
          찾았다)
   학 생 : 벌써 자료를 다 찾았을까?

5) 선 생 : 홍 선생님도 그 사실을 알고 계세요. (어디에서 들으셨다)
   학 생 : 어디에서 들으셨을까?

24.4 D3

(보기) 선 생 : 그 책 내용이 뭐예요? (아직 다 안 읽었다 / 정치 이
              야기)
       학 생 : 아직 다 안 읽어서 잘은 모르겠습니다만 정치 이야기
              같아요.

1) 선 생 : 이영수 씨는 어디에서 결혼해요? (청첩장을 받지 않다 / 교회)
   학 생 : 청첩장을 받지 않아서 잘은 모르겠습니다만 교회 같아요.

2) 선 생 : 저 서양사람은 어느 나라 사람이에요? (이야기해 보지 않다
          / 러시아사람)
   학 생 : 이야기해 보지 않아서 잘은 모르겠습니다만 러시아사람 같
          아요.

3) 선생 : 뭐에 대한 뉴스예요? (자세히 듣지 않다./쌀 농사에 대한 뉴스)
   학생 : 자세히 듣지 않아서 잘은 모르겠습니다만 쌀 농사에 대한 뉴스 같아요.

4) 선생 : 새로 오신 부장님은 어떤 분이에요? (오신지 1주일밖에 안 되다 / 성실하고 점잖은 분)
   학생 : 오신지 1주일밖에 안 돼서 잘은 모르겠습니다만 성실하고 점잖은 분 같아요.

5) 선생 : 저기 오는 사람이 누구예요? (어둡다 / 임 선생님)
   학생 : 어두워서 잘은 모르겠습니다만 임 선생님 같아요.

24.5 D1

(보기) 선생 : 내일까지 보고서를 냅니다.
       학생 : 내일까지 보고서를 내도록 하겠습니다.

1) 선생 : 내일부터는 늦지 않습니다.
   학생 : 내일부터는 늦지 않도록 하겠습니다.

2) 선생 : 잊지 않고 소식을 전합니다.
   학생 : 잊지 않고 소식을 전하도록 하겠습니다.

3) 선생 : 전기를 아껴 씁니다.
   학생 : 전기를 아껴 쓰도록 하겠습니다.

4) 선생 : 길이 미끄러우니까 과속을 하지 않습니다.
   학생 : 길이 미끄러우니까 과속을 하지 않도록 하겠습니다.

5) 선생 : 실수하지 않습니다.
   학생 : 실수하지 않도록 하겠습니다.

24.5 D2

(보기) 선 생 : 매일 라디오로 듣기연습을 하도록 하세요.
　　　학 생 : 예, 매일 라디오로 듣기연습을 하도록 하겠어요.

1) 선 생 : 윤 선생님과 의논하도록 하세요.
　　학 생 : 예, 윤 선생님과 의논하도록 하겠어요.

2) 선 생 : 차선을 잘 지키도록 하세요.
　　학 생 : 예, 차선을 잘 지키도록 하겠어요.

3) 선 생 : 매달 은행에 저축하도록 하세요.
　　학 생 : 예, 매달 은행에 저축하도록 하겠어요.

4) 선 생 : 차를 꼭 주차장에 세우도록 하세요.
　　학 생 : 예, 차를 꼭 주차장에 세우도록 하겠어요.

5) 선 생 : 연습문제를 끝까지 풀어 보도록 하세요.
　　학 생 : 예, 연습문제를 끝까지 풀어 보도록 하겠어요.

24.5 D3

(보기) 학 생 : 동창회에서 김미애를 만났어요.
　　　선 생 : 그래? 동창회에서 김미애를 만났었군.

1) 학 생 : 입학식 때 서로 인사를 했어요.
　　선 생 : 그래? 입학식 때 서로 인사를 했었군.

2) 학 생 : 대학교 때 배구 선수였어요.
　　선 생 : 그래? 대학교 때 배구 선수였었군.

3) 학 생 : 초등학교를 충청도에서 다녔어요.
　　선 생 : 그래? 초등학교를 충청도에서 다녔었군.

4) 학 생 : 글짓기 대회에서 상을 받았어요.

　　선 생 : 그래? 글짓기 대회에서 상을 받았었군.

5) 학 생 : 지난 토요일에 첼로 연주회에 갔다 왔어요.

　　선 생 : 그래? 지난 토요일에 첼로 연주회에 갔다 왔었군.

제 25과

주말 이야기

1

　평소에는 시간이 없어서 하고 싶은 일이 있어도 마음대로 못한다. 그러나 주말이 되면 편한 마음으로 이 일 저 일을 할 수 있다. 토요일이나 월요일이 공휴일이면 연휴가 되어서 더 좋다. 다른 때보다 자기 시간을 많이 가질 수 있기 때문이다.

　주말을 보내는 방법은 사람에 따라서 다르다. 어떤 사람은 독서나 음악 감상을 하면서 조용하게 지내기도 하고 어떤 사람은 고궁이나 박물관, 또는 미술 전람회를 찾기도 한다. 산이나 들로 나가서 자연을 즐기다가 오는 이도 있고 집안일이나 운동을 하면서 하루를 보내는 이도 있다.

평소	usually	마음대로	as one wishes	공휴일	public holiday
방법	method	—에 따라서	according to	독서	reading
고궁	ancient palace	전람회	exhibition	들	field, open land
자연	nature	즐기다	to enjoy		

　　오래간만에 친구들과 만나서 함께 영화를 보는 것, 분위기 있는 다방에 가서 이야기 꽃을 피우는 것, 그런 것도 주말에 맛볼 수 있는 재미 중의 하나이다.

　　무엇보다도 즐거운 것은 주말 여행을 떠나는 일이다.

　　여행은 사람들에게 잊을 수 없는 추억을 만들어 준다. 새로운 곳에 가서 보고 듣고 느끼는 것, 그것은 산 경험이고 즐거움이다.

　　주말은 우리 생활에 새 힘을 준다. 주말이 없다면 우리는 어디에서 살아 가는 힘을 얻을 수 있을까?

맛보다　to taste something	추억　recollection	경험　experience
얻다　to gain		

2

명　희 : 주말 여행은 어떠셨습니까?

영　수 : 좀 멀기는 했지만 경치도 아름답고 구경할 것도 많아서 아주 좋았어요.

명　희 : 그 근처에 있는 섬이 관광지로 유명하다고 하던데 가 보셨어요?

영　수 : 아니오, 시간이 없어서 못 가 봤어요. 명희 씨는요?

명　희 : 저도 말로만 들었어요. 언제 한 번 가 보고 싶어요.

영　수 : 그럼, 신혼여행 때 가도록 하시죠 뭐.

섬　island	관광지　tourist site	신혼여행　honey moon

3

은　영 :　존슨 씨는 주말을 어떻게 지내셨어요?

존　슨 :　친구가 영화를 보러 가자고 해서 같이 극장에 갔었어요.

은　영 :　대한극장에서 상영중인 춘향전을 보셨지요?

존　슨 :　예, 그래요. 그런데 그걸 어떻게 아셨나요?

은　영 :　그게 요즘 가장 인기있는 영화거든요. 그 영화를 보시니까
　　　　　어때요?

존　슨 :　말이 너무 빨라서 다 알아 듣지는 못했지만 아주 인상적이
　　　　　었어요.

상영중이다　to be shown　　춘향전　*Choon hyang-jon*　　가장　the most
인상적이다　to be impressive

4

영　수 :　일요일날 박물관에 가신다는 말을 들었는데 다녀 오셨습니
　　　　　까?

야마다 :　예, 갔다 왔어요. 그런데 관람객이 그렇게 많을 줄은 몰랐어요.

영　수 :　거긴 늘 그래요. 더구나 「조선시대 회화전」이 열리고 있어서
　　　　　사람이 많을 겁니다.

관람객　audience　　회화전　drawing exhibition

야마다 : 그래서 대강 보았어요. 나중에 다시 한 번 가 봐야겠어요.

영 수 : 주중에 가면 아마 사람이 적을 걸요.

야마다 : 그럼, 그때 가야겠군요. 기념 엽서도 몇 장 필요하니까요.

대강   roughly   나중에   later   주중   weekday   엽서   postcard

5

은 영 : 전 이번 주말에 '정치와 경제'라는 책을 좀 읽고는 하루종일 푹 쉬었어요.

야마다 : 전 바쁘실 줄 알았어요. 동창들끼리 만나실 거라고 해서요.

은 영 : 그게 취소가 되었어요.

야마다 : 취소라니요? 무슨 일이 생겼습니까?

은 영 : 친구가 교통사고를 당했어요

야마다 : 그것 참 안됐군요. 많이 다치셨나요?

푹   deeply   동창   fellow student   취소   cancellation
교통사고   traffic accident   당하다   to encounter

Lesson 25

Weekend Story

1

During the week I don't have time so I can't do the things I want to do. But on the weekends with my mind at rest I can do this and that. If Saturday or Monday is a holiday then it is even better because it is a long weekend and I can have more time to myself than at other times.

The way people spend the weekend varies according to the individual. Some people spend the time quietly reading or listening to music and some people go out and visit palaces, museums and art exhibits. There are also people who go to the mountains or out to the country to enjoy nature and some who spend the day doing work around the house or exercising.

Another fun thing to do on the weekend is to meet with friends whom you haven't met with for a long time and go see a movie or go to a tea house with a lot of atmosphere and talk.

The most fun thing is leaving for a weekend trip. Traveling helps build unforgettable memories for people. To go some new place and see and hear and feel new things is a direct experience you can have and a lasting pleasure.

Weekends add new strength to our lives. Without weekends where would we get our strength to go on?

2

Myoung-hee : How was your weekend trip?

Young-su   : It was a little far away but the scenery was beautiful and there were a lot of things to see so it was great.

Myoung-hee : They say that there are a lot of islands that are famous tourist spots in that area. Did you go to any of them?

Young-su   : No, we didn't have time. Have you ever gone to any of them?

Myoung-hee : I haven't either. I've only heard of them. I want to go some time.

Young-su   : Well, why don't you plan to go there on your honey moon.

3

Eun-young : How did you spend your weekend Mr. Johnson?

Johnson   : A friend wanted to go see a movie so we went to the theater together.

Eun-young : Did you go to see *Chun hyang-jon* that is playing at the Taehan theater?

Johnson   : Yes, we did. But how did you know?

Eun-young : That's the most popular movie right now. How did you like it?

Johnson   : They spoke too fast so I couldn't understand it all but it was very impressive.

4

Young-su   : I heard that you were going to the museum on Sunday. Did you go?

Yamada   : Yeah, we went. But I had no idea there would be so many people there.

Young-su   : It is always that way there. Also they are opening Chosun Art Exhibit so there were probably a lot of people.

Yamada   : I saw most everything. I'll have to go again later.

Young-su   : If you go during the week there may be fewer people.

Yamada   : Well, I'll have to go then. I do need a few post cards.

5

Young-su	:	This weekend I rested and took a whole day and read the book "Politics and Money."
Yamada	:	I thought you were busy. You said that you were going to meet with your classmates.
Young-su	:	That was canceled.
Yamada	:	Canceled? What came up?
Young-su	:	My friend got in an accident.
Yamada	:	I'm sorry to hear that. Was he hurt much?

문 법

25. 1 G1 -는다면

• This is a contraction of -는다고 하면 which is formed by combining the quote form -는다고 하다 and the conditional or suppositional conjunctive ending -면.

• Depending upon the type of the quoted sentence, different forms are used as follows:

-(이)라면 or (ㄴ/는)다면

-(느/으)냐면

-(으)라면

-자면

예: 네 부탁이라면 들어 줄게.	If it is your request then I will do it.
대우를 잘 해 준다면 그리로 가겠대요.	If they treat him well he says that he will go there.
엄마가 돈을 어떻게 썼냐면 뭐라고 할까?	What shall I say if my mother asks how I spent the money?
형은 동생이 달라고 하면 뭐든지 다 주더군요.	If one of his younger siblings asked the older brother would do whatever they asked.
그 사람이 가자면 안 갈 수 없지.	If he wants to go (says let's go) I have to go.

25.2 G1 -던데

• This form is used when the speaker has experienced something, some action or some condition by seeing it or feeling it and then says reflecting on that experience. The first clause provides background for the second clause or sentence.

예: 어제 만난 사람이 멋있던데 좀 소개해 주세요.

That person I met yesterday was good looking. Please introduce him to me.

할머니가 병원에 가시던데 어디 편찮으세요?

I saw your grandmother going to the hospital. Is she sick?

일이 남아 있던데 가서 도와 주자.

There was still some work to do. Let's go help.

그 사람 돈을 잘 쓰던데 뭐 하는 사람이야?

I saw him spending a lot of money. What does he do for a living?

저 두 사람은 서로 반말을 하던데 그런 사이예요?

I saw those two using the familiar forms with each other. Are they that close?

• -던데(요)can be used as a final ending and indicate the exclamation in some cases.

예: 작년에 가 보니까 거기 경치가 참 아름답던데요.

We went last year and the scenery was great!

과장님이 무섭게 생겼던데.

The boss looked really frightful.

늘 지각하던 잠꾸러기가 오늘은 일찍 왔던데.

That goof off who is always late came on time today!

25. 2 G2 -는다고 하던데

• This is formed by combining the quote form -는다고 하다 and -던데. It is used when the speaker mentions something he recalls hearing from someone else. The first clause provides background information for the second clause.

예: 약혼한다고 하던데 그게 사실 이에요?

I hear you will become engaged. Is that true?

음악을 전공하셨다고 하던데 노래 하나 불러 보세요.

I hear you majored in music. Sing us a song.

하숙집이 멀다고 하던데 아침 에 몇 시에 떠나요?

I hear your boarding house is far away. What time do you leave in the morning.

금강산도 식후경이라고 하던데 먹기부터 합시다.

They say "even the Diamond mountains are to be seen after eating," so let's eat first.

주말에 놀러 가자고 하던데 연락 받았어요?

I hear that he suggested that we should go on an excursion this weekend. Have you been contacted yet?

25. 3 G1 -거든요

• The conjunctive ending -거든요 shows that the action or condition stated in the first clause provide the condition or assumptions for the second clause. (See 21.5 G2)

예: 가지세요, 마음에 들거든요.

Take it if you like it.

말씀하세요, 하실 말씀이 있거 든요.

Go ahead and speak if you have something to say.

빨래하지 마세요, 비가 오거든요.	Don't do the laundry. If it rains.
주사를 맞아요, 열이 안 내리거든요.	Get a shot. If your temperature doesn't fall.
한턱 내, 월급 받았거든.	You pay. If you got paid.

• As a sentence final ending it can explain the reason for something in line with the context in some cases.

예: 나는 그만 먹겠어요, 배가 부르거든요.	I'm finished eating. I'm full.
먼저 가겠어요, 볼 일이 있거든요.	I have to leave first. I have something to do.
그 사람을 잘 알아요, 이웃집에 살았거든요.	I know him very well. He was our neighbor.
가: 통 뵐 수가 없었는데 어디 다녀 오셨어요?	a: I haven't seen you for a while. Where have you been?
나: 외국에 잠깐 다녀 왔거든요.	b: I went abroad for a while.
가: 왜 그렇게 못 먹어?	a: Why aren't you eating?
나: 나는 맵고 짠 걸 싫어하거든.	b: I don't like salty or spicy things.

25. 4 G1 -(으)ㄹ 걸요

• This is an abbreviation for -(으)ㄹ 것을요. It is a sentence final ending that reveals a fact about the future or a supposition of the speaker. What the speaker would have said after -(으)ㄹ 것을 is left unspoken.

예: 지금 나가면 길이 막힐 걸요.　　If you go now traffic may be bad. (So…)

돈을 헤프게 쓰면 모으지 못할 걸요.　　If you spend your money recklessly like this you probably won't be able to save. (So…)

밤을 새우면 아침에 못 일어날 걸요.　　If you stay up too late you probably won't be able to get up in the morning. (So…)

모레 오세요. 내일은 내가 없을 걸요.　　Come the day after tomorrow. I probably won't be here tomorrow.

성격이 좋아서 따르는 사람이 많을 걸요.　　He seems to have a good personality so a lot of people will probably follow him.

25. 5 G1   -고는

• This form emphasizes that the action of the first clause takes place before the action of the second clause.

예: 창문을 열고는 밖을 내다 보았어요.　　He opened the window and looked outside.

내 말을 듣고는 그냥 나가 버렸어요.　　He listened to me and then just took off.

단어를 배우지 않고는 말을 배울 수가 없다.　　If you don't learn the words you can't learn the language.

한 번 써 놓고는 다시 보지 않았어요.　　After I wrote it down I never saw it again.

색안경을 끼고는 제대로 보지   When I wear sun glasses I can't see well.
못해요.

25. 5 G2 -(이)라니요?

• This form is used when the speaker questions something he has heard. It is used when the speaker doesn't agree with what was said, is uncertain about what was said or is surprised by what was said.

• When used to indirectly quote what someone has said, depending upon the type of the quoted sentence, 4 different forms are used as follows:

> -(이)라니요? / -(ㄴ/는)다니요?
>
> -(으/느)냐니요?
>
> -(으)라니요?
>
> -자니요?

예: 가: 선을 보셨어요?   a: Did you go to the set up date?

   나: 선이라니요? 그게 무슨   b: Set up date? What do you mean?
      뜻이에요?

   가: 아버지하고는 대화가 안 돼.   a: I can't talk to my father.

   나: 대화가 안 되다니?   b: You can't talk to him?

   가: 할아버지가 돌아오셨어요.   a: Grandpa is back.

   나: 아니, 할아버지가 벌써 돌   b: What? Grandpa is back already?
      아오셨다니!

   가: 오늘은 밖에 나가지 말고   a: Don't go out today. Stay home and look
      집 보고 있어.   after things.

   나: 집에 있으라니요? (내가   b: Stay home? (What am I, your dog?)
      강아지인가?)

유형 연습

25. 1 D1

(보기) 선 생 : 학생들이 모두 열심히 숙제를 해요? (학생 / 열심히
하다 / 안 하다)

학 생 : 학생에 따라 달라요. 열심히 하기도 하고 안 하기도
해요.

1) 선 생 : 주말에는 항상 외출을 하나요? (경우 / 외출하다 / 집에서
푹 쉬다)

   학 생 : 경우에 따라 달라요. 외출하기도 하고 집에서 푹 쉬기도
   해요.

2) 선 생 : 저녁뉴스는 모두 9시에 하나요? (방송국 / 8시에 하다 / 9
시에 하다)

   학 생 : 방송국에 따라 달라요. 8시에 하기도 하고 9시에 하기도
   해요.

3) 선 생 : 고등학교를 졸업하면 모두 대학에 갑니까? (사람 / 대학에
가다 / 취직을 하다)

   학 생 : 사람에 따라 달라요. 대학에 가기도 하고 취직을 하기도 해요.

4) 선 생 : 어떤 음악을 들으세요? (기분 / 고전음악을 듣다 / 대중가요
를 듣다)

   학 생 : 기분에 따라 달라요. 고전음악을 듣기도 하고 대중가요를 듣
   기도 해요.

5) 선 생 : 중·고등학생들이 모두 교복을 입어요? (학교 / 교복을 입다

/ 사복을 입다)
　　학 생 : 학교에 따라 달라요. 교복을 입기도 하고 사복을 입기도 해요.

25.1 D2

(보기) 선 생 : 그 동네가 조용합니다 / 그리로 이사가겠습니다.
　　　　학 생 : 그 동네가 조용하다면 그리로 이사가겠습니다.

1) 선 생 : 그 옷이 나한테 어울립니다 / 사겠습니다.
　　학 생 : 그 옷이 나한테 어울린다면 사겠습니다.

2) 선 생 : 내가 한국말로 편지를 씁니다 / 부모님께서 깜짝 놀라실 겁니다.
　　학 생 : 내가 한국말로 편지를 쓴다면 부모님께서 깜짝 놀라실 겁니다.

3) 선 생 : 하숙집을 옮깁니다 / 제가 좋은 집을 소개해 드리겠습니다.
　　학 생 : 하숙집을 옮긴다면 제가 좋은 집을 소개해 드리겠습니다.

4) 선 생 : 서대문이 막힙니다 / 다른 길로 해서 갑시다.
　　학 생 : 서대문이 막힌다면 다른 길로 해서 갑시다.

5) 선 생 : 제가 장학금을 받습니다 / 부모님이 기뻐하실 겁니다.
　　학 생 : 제가 장학금을 받는다면 부모님이 기뻐하실 겁니다.

25.1 D3

(보기) 선 생 : 비가 와도 야유회를 가요? (비가 오다 / 연기하다)
　　　　학 생 : 비가 온다면 연기하겠어요.

1) 선 생 : 현정이가 그 파티에 가지 않는대요. (현정이가 가지 않다 /
　　　　　 저도 가지 않다)
　 학 생 : 현정이가 가지 않는다면 저도 가지 않겠어요.

2) 선 생 : 부모님이 반대해도 그 사람과 결혼할 거예요? (부모님이 반
　　　　　 대하시다 / 그 사람과 결혼하지 않다)
　 학 생 : 부모님이 반대하신다면 그 사람과 결혼하지 않겠어요.

3) 선 생 : 눈이 와도 차를 가지고 나갈 거예요? (눈이 오다 / 차를 집
　　　　　 에 두고 나가다)
　 학 생 : 눈이 온다면 차를 집에 두고 나가겠어요.

4) 선 생 : 그 회사에 들어가고 싶어요? (조건이 좋다 / 취직하다)
　 학 생 : 조건이 좋다면 취직하겠어요.

5) 선 생 : 그 차는 성능이 별로 좋지 않대요. (그렇다 / 다시 생각해
　　　　　 보다)
　 학 생 : 그렇다면 다시 생각해 보겠어요.

25. 2 D1

(보기) 선 생 : 그 식당 음식이 맛있습니다 / 잡숴 보십시오.
　　　　 학 생 : 그 식당 음식이 맛있던데 잡숴 보세요.

1) 선 생 : 그 공원이 아주 좋았습니다 / 언제 같이 갑시다.
　 학 생 : 그 공원이 아주 좋던데 언제 같이 갑시다.

2) 선 생 : 그 사람이 노래를 잘 했습니다 / 한 번 들어 보세요.
　 학 생 : 그 사람이 노래를 잘 하던데 한 번 들어 보세요.

3) 선 생 : 어제 그 친구가 집에 없었습니다 / 어떻게 연락을 했어요?
　 학 생 : 어제 그 친구가 집에 없던데 어떻게 연락을 했어요?

4) 선 생 : 그 책이 아주 재미있었습니다 / 끝까지 다 읽으셨어요?

  학 생 : 그 책이 아주 재미있던데 끝까지 다 읽으셨어요?

5) 선 생 : 이 선생님 부인이 편찮으셨습니다 / 요즘은 어떠신지 모르겠
    어요.

  학 생 : 이 선생님 부인이 편찮으시던데 요즘은 어떠신지 모르겠
    어요.

25. 2   D2

(보기) 선 생 : 어느 사전이 좋아요? (연세출판사에서 나온 사전이 좋
      았다 / 그걸 한번 보세요)

    학 생 : 연세출판사에서 나온 사전이 좋던데 그걸 한번 보세
      요.

1) 선 생 : 이 책이 필요한데요. (도서관 4층에 있었다 / 가서 찾아 보
    세요)

  학 생 : 도서관 4층에 있던데 가서 찾아 보세요.

2) 선 생 : 그 사람을 꼭 만나야 하는데요. (조금 전에 학생회관 쪽으로
    갔다 / 빨리 가 보세요)

  학 생 : 조금 전에 학생회관 쪽으로 가던데 빨리 가 보세요.

3) 선 생 : 그 식당은 어떤 음식이 맛있어요? (볶음밥이 맛있었다 / 그
    걸 한번 잡숴 보세요)

  학 생 : 볶음밥이 맛있던데 그걸 한번 잡숴 보세요.

4) 선 생 : 어디에 가면 하나 씨를 만날 수 있을까요? (아까 도서관에서
    공부했다 / 도서관에 가 보세요)

  학 생 : 아까 도서관에서 공부하던데 도서관에 가 보세요.

5) 선 생 : 저 식당에 갈까요? (저 식당 음식은 비싸고 맛이 없었다 /
　　　　　 다른 곳에 갑시다)

　 학 생 : 저 식당 음식은 비싸고 맛이 없던데 다른 곳에 갑시다.

25. 2　D3

(보기) 선 생 : 최영애 씨가 능력이 있다고 했습니다 / 일을 맡겨 보
　　　　　　　십시오.

　　　 학 생 : 최영애 씨가 능력이 있다고 하던데 일을 맡겨 보세요.

1) 선 생 : 현우 씨가 한국말을 잘 한다고 했습니다 / 통역을 부탁해도
　　　　　 됩니까?

　 학 생 : 현우 씨가 한국말을 잘 한다고 하던데 통역을 부탁해도 됩니
　　　　　 까?

2) 선 생 : 학생들이 몇 급부터 선택반이 있냐고 했습니다 / 좀 가르쳐
　　　　　 주시겠어요?

　 학 생 : 학생들이 몇 급부터 선택반이 있냐고 하던데 좀 가르쳐 주시
　　　　　 겠어요?

3) 선 생 : 친구가 같이 식사하자고 했습니다 / 선생님 생각은 어떻습니
　　　　　 까?

　 학 생 : 친구가 같이 식사하자고 하던데 선생님 생각은 어떻습니까?

4) 선 생 : 선생님이 읽기책을 여러 번 읽으라고 했습니다 / 그렇게 합
　　　　　 시다.

　 학 생 : 선생님이 읽기책을 여러 번 읽으라고 하던데 그렇게 합시다.

5) 선 생 : 친구가 도와 달라고 했습니다 / 도와 줍시다.

　 학 생 : 친구가 도와 달라고 하던데 도와 줍시다.

25. 2 D4

(보기) 선 생 : 감기에 걸린 것 같아요. (감기에는 과일이 좋다고 했
　　　　　　　다 / 많이 잡수세요)
　　　　학 생 : 감기에는 과일이 좋다고 하던데 많이 잡수세요.

1) 선 생 : 저 외국인은 한국말을 참 잘 하는군요. (미국사람이라고 했
　　　　　다 / 어디에서 배웠을까요?)
　　학 생 : 미국사람이라고 하던데 어디에서 배웠을까요?

2) 선 생 : 영어를 배워야겠어요. (종로에 있는 학원이 좋다고 했다 /
　　　　　알아 보세요)
　　학 생 : 종로에 있는 학원이 좋다고 하던데 알아 보세요.

3) 선 생 : 한국의 역사에 대해서 알고 싶어요. (한국의 역사는 김 선생
　　　　　님이 잘 아신다고 했다 / 그분에게 여쭤 보세요)
　　학 생 : 한국의 역사는 김 선생님이 잘 아신다고 하던데 그분에게 여
　　　　　쭤 보세요.

4) 선 생 : 저 친구에게 도와 달라고 합시다. (지금 바쁘니까 방해하지
　　　　　말라고 했다 / 나중에 부탁합시다)
　　학 생 : 지금 바쁘니까 방해하지 말라고 하던데 나중에 부탁합시다.

5) 선 생 : 요즘 운동이 부족한 것 같아요 (친구가 테니스를 치자고 했
　　　　　다 / 같이 치시겠어요?)
　　학 생 : 친구가 테니스를 치자고 하던데 같이 치시겠어요?

25. 3 D1

(보기) 선 생 : 지난 연휴를 어떻게 보내셨어요? (아이들 / 등산을 갑
　　　　　　　시다 / 지리산에 갔다가 왔어요)

학 생 : 아이들이 등산을 가자고 해서 지리산에 갔다가 왔
어요.

1) 선 생 : 어제 뭘 하셨어요? (동생 / 스케이트를 탑시다 / 스케이트장
에 갔다 왔어요)

　　학 생 : 동생이 스케이트를 타자고 해서 스케이트장에 갔다 왔어요.

2) 선 생 : 어제 저녁에 뭘 드셨어요? (집사람 / 외식을 합시다 / 밖에
나가서 먹었어요)

　　학 생 : 집사람이 외식을 하자고 해서 밖에 나가서 먹었어요.

3) 선 생 : 어디에 가세요? (딸 아이 / 치마를 사러 갑시다 / 백화점에
가요)

　　학 생 : 딸 아이가 치마를 사러 가자고 해서 백화점에 가요.

4) 선 생 : 왜 그 말을 안 하셨어요? (친구들 / 비밀로 합시다 / 말하지
않았어요)

　　학 생 : 친구들이 비밀로 하자고 해서 말하지 않았어요.

5) 선 생 : 좌담회에서 무엇에 대해서 얘기했어요? (학생들 / 공해문제
에 대해서 얘기합시다 / 그렇게 했어요)

　　학 생 : 학생들이 공해문제에 대해서 얘기하자고 해서 그렇게 했
어요.

25.3 D2

(보기) 선 생 : 아이들이 있으면 방해가 됩니다.

　　　학 생 : 아이들이 있으면 방해가 되거든요.

1) 선 생 : 내일부터 시험을 봅니다.

　　학 생 : 내일부터 시험을 보거든요.

2) 선 생 : 저는 무서운 영화를 싫어합니다.
   학 생 : 저는 무서운 영화를 싫어하거든요.

3) 선 생 : 어제 밤에 일이 많아서 밤을 새웠습니다.
   학 생 : 어제 밤에 일이 많아서 밤을 새웠거든요.

4) 선 생 : 어제는 하루종일 사무실에서 일을 했습니다.
   학 생 : 어제는 하루종일 사무실에서 일을 했거든요.

5) 선 생 : 우연히 길에서 선배를 만났습니다.
   학 생 : 우연히 길에서 선배를 만났거든요.

25.3 D3

(보기) 선 생 : 은행카드를 신청하셨군요. (은행카드가 있으면 편리하
                다)
        학 생 : 은행카드가 있으면 편리하거든요.

1) 선 생 : 왜 이렇게 일찍 가세요? (늦게 가면 자리가 없다)
   학 생 : 늦게 가면 자리가 없거든요.

2) 선 생 : 출입국관리사무소에 가시는군요. (비자를 연장해야 하다)
   학 생 : 비자를 연장해야 하거든요.

3) 선 생 : 점심을 참 많이 드시네요. (아침을 굶었다)
   학 생 : 아침을 굶었거든요.

4) 선 생 : 기분이 좋아 보이시네요. (1주일 동안 휴가를 받았다)
   학 생 : 1주일 동안 휴가를 받았거든요.

5) 선 생 : 새 가방을 사셨군요. (쓰던 가방을 잃어 버렸다)
   학 생 : 쓰던 가방을 잃어 버렸거든요.

25.4   D1

(보기) 선 생 : 회사 생활이 어때요? (이렇게 일이 많다)
　　　학 생 : 이렇게 일이 많을 줄 몰랐어요.

1) 선 생 : 아이를 기르는 일이 어때요? (이렇게 힘들다)
　 학 생 : 이렇게 힘들 줄 몰랐어요.

2) 선 생 : 자리가 하나 모자라는군요. (10명이나 오다)
　 학 생 : 10명이나 올 줄 몰랐어요.

3) 선 생 : 연구발표회가 끝났어요? (여러 사람들 앞에서 말하는 게 이
　　　　 렇게 떨리다)
　 학 생 : 여러 사람들 앞에서 말하는 게 이렇게 떨릴 줄 몰랐어요.

4) 선 생 : 이 물건을 사는 사람이 참 많군요. (비싼 물건이 잘 팔리다)
　 학 생 : 비싼 물건이 잘 팔릴 줄 몰랐어요.

5) 선 생 : 그 사람과 얘기해 보니까 어때요? (그렇게 나와 생각이 많이
　　　　 다르다)
　 학 생 : 그렇게 나와 생각이 많이 다를 줄 몰랐어요.

25.4   D2

(보기) 선 생 : 마지막 날 가면 무척 붐빕니다.
　　　학 생 : 마지막 날 가면 무척 붐빌 걸요.

1) 선 생 : 버스를 타고 가면 늦습니다.
　 학 생 : 버스를 타고 가면 늦을 걸요.

2) 선 생 : 김포공항까지 1시간쯤 걸립니다.
　 학 생 : 김포공항까지 1시간쯤 걸릴 걸요.

3) 선 생 : 지금은 그 집이 비어 있습니다.
   학 생 : 지금은 그 집이 비어 있을 걸요.

4) 선 생 : 대통령이 바뀌어서 정책도 바뀝니다.
   학 생 : 대통령이 바뀌어서 정책도 바뀔 걸요.

5) 선 생 : 예습을 하지 않으면 수업 시간에 이해하기가 어렵습니다.
   학 생 : 예습을 하지 않으면 수업 시간에 이해하기가 어려울 걸요.

25.4 D3

(보기) 선 생 : 이 약을 한 알만 먹을까요? (한 알만 먹으면 효과가
              없다)
       학 생 : 한 알만 먹으면 효과가 없을 걸요.

1) 선 생 : 공기가 나쁜데 창문을 열까요? (창문을 열면 춥다)
   학 생 : 창문을 열면 추울 걸요.

2) 선 생 : 머리를 자를까요? (짧은 머리는 안 어울리다)
   학 생 : 짧은 머리는 안 어울릴 걸요.

3) 선 생 : 그 사람은 친구가 많은가봐요. (성격이 좋아서 여러 사람이
          좋아하다)
   학 생 : 성격이 좋아서 여러 사람이 좋아할 걸요.

4) 선 생 : 날씨가 더워서 매일 에어콘을 켭니다. (에어콘을 매일 쓰면
          전기료가 많이 나오다)
   학 생 : 에어콘을 매일 쓰면 전기료가 많이 나올 걸요.

5) 선 생 : 제 차로 갑시다. (대중교통을 이용하는 게 더 좋다)
   학 생 : 대중교통을 이용하는 게 더 좋을 걸요.

25.5 D1

(보기) 선 생 : 질문을 했습니다 / 대답을 듣지 않았습니다.
　　　　학 생 : 질문을 하고는 대답을 듣지 않았습니다.

1) 선 생 : 일기를 썼습니다 / 곧 잠이 들었습니다.
　　학 생 : 일기를 쓰고는 곧 잠이 들었습니다.

2) 선 생 : 화를 냈습니다 / 나가 버렸습니다.
　　학 생 : 화를 내고는 나가 버렸습니다.

3) 선 생 : 거짓말을 했습니다 / 얼굴이 빨개졌습니다.
　　학 생 : 거짓말을 하고는 얼굴이 빨개졌습니다.

4) 선 생 : 그 사람이 결혼을 했습니다 / 술과 담배를 끊었습니다.
　　학 생 : 그 사람이 결혼을 하고는 술과 담배를 끊었습니다.

5) 선 생 : 내 이야기를 들었습니다 / 아무 말도 하지 않았습니다.
　　학 생 : 내 이야기를 듣고는 아무 말도 하지 않았습니다.

25.5 D2

(보기) 선 생 : 시험을 끝내고 뭘 하셨어요? (전시회에 갔다)
　　　　학 생 : 시험을 끝내고는 전시회에 갔어요.

1) 선 생 : 숙제를 다 하고 뭘 하셨어요? (한잔하러 갔다)
　　학 생 : 숙제를 다 하고는 한잔하러 갔어요.

2) 선 생 : 점심 식사를 하고 뭘 하셨어요? (도서관에 가서 공부했다).
　　학 생 : 점심 식사를 하고는 도서관에 가서 공부했어요.

3) 선 생 : 졸업하고 어떻게 지냈어요? (광고 회사에 취직했다)
   학 생 : 졸업하고는 광고 회사에 취직했어요.

4) 선 생 : 그 연락을 받고 어떻게 하셨어요? (곧 떠날 준비를 했다)
   학 생 : 그 연락을 받고는 곧 떠날 준비를 했어요.

5) 선 생 : 어머니가 오신다는 얘기를 듣고 뭘 하셨어요? (이것 저것 준비했다)
   학 생 : 어머니가 오신다는 얘기를 듣고는 이것 저것 준비했어요.

25.5 D3

(보기) 선 생 : 건망증이 심합니다.
       학 생 : 건망증이 심하다니요?

1) 선 생 : 저분이 일본사람입니다.
   학 생 : 저분이 일본사람이라니요?

2) 선 생 : 내일 미국으로 공부하러 떠납니다.
   학 생 : 내일 미국으로 공부하러 떠난다니요?

3) 선 생 : 제목을 바꿉시다.
   학 생 : 제목을 바꾸자니요?

4) 선 생 : 이게 뭡니까?
   학 생 : 이게 뭐냐니요?

5) 선 생 : 오늘 배운 것을 열 번 쓰십시오.
   학 생 : 오늘 배운 것을 열 번 쓰라니요?

25.5 D4

(보기) 선 생 : 도장 가지고 오셨어요? (도장)
　　　 학 생 : 도장이라니요?

1) 선 생 : 장남이라서 힘들지요? (장남)
　 학 생 : 장남이라니요?

2) 선 생 : 노처녀라서 집에서 걱정하시겠어요. (노처녀)
　 학 생 : 노처녀라니요?

3) 선 생 : 다음 달에 승진할 거라고 하던데요. (승진)
　 학 생 : 승진이라니요?

4) 선 생 : 그 소문을 들으셨어요? (소문)
　 학 생 : 소문이라니요?

5) 선 생 : 회비를 내셨어요? (회비)
　 학 생 : 회비라니요?

제 26과

건강이 제일

1

하숙집 뒤쪽에 작은 산이 있어서 이사 온 다음 날부터 등산을 시작했다. 처음에는 시간이 있을 때만 갔는데 요즘은 아침마다 간다. 산에 갔다가 오면 머리도 맑아지고 기분도 좋다. 그래서 그런지 하루종일 일을 해도 별로 피곤한 줄 모른다. 회사에서는 늘 의자에 앉아서 일을 하니까 운동부족이 되기 쉽다. 체중이 늘고 몸이 둔해지면 여러가지로 문제가 생기니까 틈틈이 운동을 하는 습관을 길러야 한다. 집 가까이에 이런 산이 있어서 퍽 다행이다.

이른 아침인데도 산에는 사람들이 많았다. 모두들 맨손 체조, 줄넘기, 배드민턴이나 공던지기를 열심히 하고 있다. 그리고 야호! 하고 소리를 지르는 사람도 있다. 그래서 이 작은 산은 언제나 떠들썩

체중	weight	늘다	to increase	둔하다	to be clumsy
틈틈이	frequently	기르다	to grow	맨손체조	calisthenics
줄넘기	skipping rope	공던지기	ball throwing	야호	yodelling

하다. 달리기를 끝내고 시원한 약수를 한 잔 마셨다. 땀 흘려 운동을 한 후 마시는 이 한 잔의 물 맛! 참으로 상쾌하다.

요샌 회사 일이 많아서 운동할 시간이 없다. 사실 전부터 골프를 치고 싶었는데 시간도 그렇고 비용도 많이 들어서 아직 못 하고 있다. 운동은 체력을 기르고 건강한 생활을 하려고 하는 것이다. 그러나 비용이 너무 들면 역시 부담이 된다. 가끔 시간이 나도 탁구 같은 가벼운 운동을 했을 뿐이었는데 앞으로는 수영이나 볼링을 할 생각이다.

떠들썩하다	to be loud	땀	perspiration	흘리다	to sweat
상쾌하다	to be refreshing	비용	expense	체력	physical strength
역시	as expected	부담	burden		

2

이웃사람 : 아침마다 달리기를 하니까 좋으시죠?

영　수 : 예, 몸도 가볍고 식욕도 아주 좋아졌어요.

이웃사람 : 저도 운동을 하니까 기분이 얼마나 상쾌한지 몰라요.

영　수 : 뭐니뭐니해도 건강이 제일이랍니다.

이웃사람 : 몸이 튼튼해야 마음도 튼튼하다는 말이 있잖습니까?

영　수 : 자, 출발합시다. 오늘은 중간에서 쉬지 말고 끝까지 뛰기로 합시다.

| 식욕 | appetite | 뭐니뭐니해도 | after all is said | 튼튼하다 | to be fit |

3

명　희 : 아주 잘 하시네요.

영　수 : 잘 하기는요. 그냥 취미로 시작한 지 얼마 안 됩니다.

명　희 : 솜씨가 보통이 아니신데요.

영　수 : 탁구는 조금만 연습하면 누구나 할 수 있는 데다가 전신
　　　　운동이어서 건강에 좋아요.

명　희 : 그런데 생각했던 것보다 잘 안 되네요. 전 운동에 소질이
　　　　없나봐요.

영　수 : 며칠만 연습해 보세요. 선수가 될테니까.

전신 운동　　*entire-body exercise*

4

명　희 : 어깨가 아파서 꼼짝도 못 하겠어요.

영　수 : 무슨 운동이든지 처음에는 다 그러니까 계속해서 하는 게
　　　　좋아요.

명　희 : 어제 너무 무리를 했나봐요.

영　수 : 약이라도 발라 보세요. 좀 시원해질 겁니다.

어깨　　*shoulder*　　꼼짝 못 하다　　*cannot move*　　약을 바르다　　*to apply ointment*

명 희 : 미안합니다만 아무래도 오늘 축구 시합 구경은 못 가겠어
         요.

영 수 : 그러지 마시고 늦기 전에 빨리 갑시다. 이럴 땐 자꾸 움직
         여야 풀립니다.

움직이다   to move

5

영 수 : 오늘 경기는 참 훌륭했어요. 관중들의 응원도 좋았고요.

명 희 : 정말 두 나라 선수들 모두가 예상 외로 잘 싸웠어요.

영 수 : 후반전은 어떻게나 아슬아슬한지……
         손에 땀이 다 났어요.

명 희 : 저도 우리 팀이 질까 봐 마음이 조마조마했어요.

영 수 : 지난 번에도 무승부였지요?

명 희 : 아니에요. 그땐 우리가 2:1로 이겼어요.

경기   competition   관중   spectators   응원   cheer
예상 외로   unexpectedly   후반전 2nd half   아슬아슬하다 to be close to the margin
조마조마하다 to be nervous 무승부 a draw

Lesson 26

Health is above everything else

1

There is a small mountain behind my boarding house so the day after I moved in I began mountain climbing. At first I just went when I had time but lately I go every morning. After I get back from the mountain my head is clear and my spirits are up. Then even if I work for the whole day I don't feel tired. At the office I just sit and work at a desk so it is easy to not get enough exercise. If you gain weight and get out of shape a lot of problems can develop so you have to get into the habit of exercising periodically. I am lucky that there is a mountain like that near my boarding home.

Even early in the morning there were a lot of people on the mountain. Everyone is busy doing calisthenics, jumping rope, playing badminton, or throwing a ball. There are also people shouting "Yahoo!" So this mountain is always a very busy place. After I jogged I had a glass of refreshing medicinal spring water. Oh, the taste of such water after exercising and working up a sweat. It is very refreshing.

Lately I have been so busy at work that I haven't had time for exercise. Actually I originally wanted to take up golf but I didn't because I didn't have the time or money. Exercise helps you develop strength and stay healthy. But if it cost too much it can also be a burden. Occasionally when I had time I played ping pong or some other light sport but now I'm thinking about maybe taking up swimming or bowling.

2

Neighbor : It is great to run every morning, isn't it?

Young-su : Yeah, I've gotten skinnier and my appetite is better.

Neighbor : Me too! I can't tell you how good it feels to exercise.

Young-su : When it comes right down to it health is the most important thing.

Neighbor : They say that you have to have a healthy body to have a healthy mind, right?

Young-su : Yeah, let's go. Today let's not rest in the middle. Let's run to the end.

3

Myoung-hee : You do that very well.

Young-su : No I don't. I just started it as a hobby not long ago.

Myoung-hee : You are very talented.

Young-su : Anyone can play table tennis if they just practice a little and it exercises the whole body so it is good for your health.

Myoung-hee : But I'm not doing as well as I thought I would. I don't seem to be very good at sports.

Young-su : Just practice for a couple of days. You will be a pro.

4

Myoung-hee : My shoulder is so sore I can't move.

Young-su : It's that way with any sport at first. You should just keep doing it.

Myoung-hee : I think I over did it yesterday.

Young-su : Try rubbing some lotion or something on it. It should feel good.

Myoung-hee : I'm sorry but there is no way that I am going to be able to go watch the soccer match.

Young-su : Don't be that way. Let's go before we're late. At times like this you have to keep moving to loosen up.

5

Young-su : Today's match was great!. The crowd really cheered well too.

Myoung-hee : The athletes from the two countries all performed better than expected.

Young-su : That second half was so close. My hands were all sweaty.

Myoung-hee : My heart was pounding too because I thought our team might lose.

Young-su : Last time it was a tie also, right?

Myoung-hee : No. We won 2 to 1.

문 법

26. 1 G1 -는데도

• This form is used to state or question an action or condition in the second clause despite the action or condition stated in the first clause.

예: 비가 오는데도 나가요?	You are going to go out even though it is raining?
어제 밤에는 많이 잤는데도 졸려요.	I am still sleepy even though I slept a lot last night.
조금 전에 들었는데도 잊어버렸어요.	Even though I just heard it a few minutes ago, I forgot it.
물건을 별로 많이 안 샀는데도 돈은 다 썼어요.	Even though I didn't buy much I used all the money.
집은 큰데도 방은 많지 않아요.	Even though the house is big there aren't many rooms.

26. 1 G2 -(으)ㄹ 뿐이다

• This form indicates that the action or condition of the subject is limited to that expressed by the verb. -(으)ㄹ 뿐 can only be followed by 이다. (See 17.5 G1)

• After a noun simply add -뿐이다.

예: 이렇게 도와 주시니
감사할 뿐입니다.

내가 기억하는 것은 그 사람
이름뿐이야.

그 사람을 한두 번
만났을 뿐이다.

주문했을 뿐이고
찾아가질 않아요.

그 일을 반대한 사람은
우리뿐이 아니잖아?

All I can do is thank you for helping this way.

All I can remember is his name.

I only met him once or twice.

He only ordered it. He doesn't go out to find it.

We are not the only ones who opposed it are we?

26.2 G1 -(이)랍니다

• This is an abbreviation of -(이)라고 합니다. This form is used for indirect discourse by simply quoting what has been said or to emphasize a fact in the form of quotation.

예: 세브란스병원은
종합병원이랍니다.

제 딸은 유치원생이랍니다.

수업이 끝나면 모두들
현관 앞에 모인답니다.

장을 봐서 돈이
한 푼도 없답니다.

냉면 맛은 한일옥이
제일이랍니다.

They say that Severance Hospital is a general hospital.

My daughter is in kindergarten.

They say after class everyone is gathering in front of the foyer.

I went shopping and don't have one penny left!

They say the Naengmyon at the Hanilok is the best.

26. 2 G2   -어야

• This form indicates that the action stated in the first clause is necessary for the action in the second clause to be realized. When the second clause in negative it shows that the attempt to be made is futile.

예: 먹어 봐야 맛을 알지요.　　　　You have to try it to know what it tastes like.

대화를 해 봐야 무슨 생각을　　You have to talk with him to know what 하는지 알 수 있어요.　　　　he thinks.

산에 가야 범을 잡지요.　　　　You have to go to the mountains to catch a tiger.

아이를 길러 봐야 부모　　　　You have to raise a child to know your 은혜를 알아요.　　　　　　　debt to your parents.

부탁해야 들어주지 않을 거예요.　Even if you ask he won't do it.

26. 3 G1   -기는요.

• This is used with the verb when one speaker doesn't agree with another speaker. Depending on the sentence it can show humility or denial. (see 19.4 G1) This form can not be used with the tense suffix -었-, or -겠-.

예: 가: 피곤이 풀렸어요?　　　　　a: Are you all rested up?
　　나: 풀리기는요.　　　　　　　b: Rested up?

　　가: 만나던 사람하고　　　　　a: Have you broken up with the guy you 헤어졌어요?　　　　　　　　met?

나: 헤어지기는요.
　　아직도 만나는 걸요.

가: 너 살 좀 빠진 것 같다.

나: 빠지긴. 요즘 2키로가
　　더 늘었어.

가: 목소리가 참 고우시네요.

나: 곱기는요.

b: Broken up? We are still just getting acquainted.

a: It looks like you lost some weight.

b: Lost some weight? I gained 2 kilos lately.

a: You have a beautiful voice.

b: What beautiful voice?

26. 4 G1 -(이)라도

• This auxiliary particle is attached to nouns and shows assumption or concession. There is something you would prefer to choose but it can't be chosen because of the situation so you make a concession to choosing something else.

예: 보리차가 없으면 냉수라도
한 잔 주세요.

갈 사람이 없으면 나라도
가겠어요.

그냥 두지 말고 약이라도
바르세요.

생일이니까 미역국이라도
끓여 줍시다.

아버지 구두라도 닦아서
용돈을 타야겠어요.

If you don't have any barley tea then just give me some cold water.

If there is no one else then I'll just go.

Don't just leave it that way. At least put some medicine on it.

Since it is her birthday let's at least make her some seaweed soup.

I'll have to polish dad's shoes or something to get some money.

26. 5 G1 -(으)ㄹ까 보다

• This form is attached to a verb and indicates the speaker's conjecture or intentions concerning the action or condition being talked about.

• -(으)ㄹ까 봐(서) is formed by attaching -어서 to -(으)ㄹ까 보다. It shows that the action in the second clause is done because of fears about the action or condition in the first clause.

예: 늦었는데 택시를 탈까 보다.	It is late so I'm thinking of taking a taxi.
넘어질까 봐 손을 잡고 갔어요.	It looked like he might fall so I held his hand and went.
돈을 잃어버릴까 봐 가방속에 깊이 넣었어요.	I didn't want to lose the money so I put it deep inside my briefcase.
오해할까 봐 말하지 않았습니다.	I thought it might cause a misunderstanding so I didn't say anything.
야단 맞을까 봐 집에 못 들어가니?	Are you afraid to go home because you think you will be scolded?

유형 연습

26. 1 D1

(보기) 선 생 : 열심히 노력하다 / 성과가 없습니다.
　　　 학 생 : 열심히 노력하는데도 성과가 별로 없습니다.

1) 선 생 : 그 사람이 한국 사람입니다 / 김치를 별로 좋아하지 않습니다.
　 학 생 : 그 사람이 한국 사람인데도 김치를 별로 좋아하지 않습니다.

2) 선 생 : 스키를 타고 싶습니다 / 타러 갈 시간이 없습니다.
　 학 생 : 스키를 타고 싶은데도 타러 갈 시간이 없습니다.

3) 선 생 : 집이 가깝습니다 / 제 시간에 오지 않습니다.
　 학 생 : 집이 가까운데도 제 시간에 오지 않습니다.

4) 선 생 : 아기가 계속 웁니다 / 안아 주지 않습니다.
　 학 생 : 아기가 계속 우는데도 안아 주지 않습니다.

5) 선 생 : 편지를 쓴 지 한 달이 되었습니다 / 답장이 오지 않습니다.
　 학 생 : 편지를 쓴 지 한 달이 되었는데도 답장이 오지 않습니다.

26. 1 D2

(보기) 선 생 : 그건 값이 어때요? (질이 좋다 / 값이 싸다)
　　　 학 생 : 질이 좋은데도 값이 싸요.

1) 선 생 : 한국말 발음이 좋아졌어요? (매일 연습하다 / 좋아지지 않다)
　 학 생 : 매일 연습하는데도 좋아지지 않아요.

2) 선 생 : 신문에 기사가 많아요? (기사가 많다 / 읽을 거리가 없다)
   학 생 : 기사가 많은데도 읽을 거리가 없어요.

3) 선 생 : 비빔냉면이 맛이 어때요? (맵다 / 맛이 있다)
   학 생 : 매운데도 맛이 있어요.

4) 선 생 : 그 사람 집은 가깝잖아요? (예 / 걸어서 10분밖에 걸리지 않
         다 / 항상 지각하다)
   학 생 : 예, 걸어서 10분밖에 걸리지 않는데도 항상 지각해요.

5) 선 생 : 피곤해 보이는군요. (많이 잤다 / 피곤이 풀리지 않다)
   학 생 : 많이 잤는데도 피곤이 풀리지 않아요.

26. 1   D3

(보기) 선 생 : 규칙이니까 따릅니다.
      학 생 : 규칙이니까 따를 뿐입니다.

1) 선 생 : 지금은 피곤해서 자고 싶습니다.
   학 생 : 지금은 피곤하니까 자고 싶을 뿐입니다.

2) 선 생 : 그 사람은 돈만 생각합니다.
   학 생 : 그 사람은 돈만 생각할 뿐입니다.

3) 선 생 : 제가 해야 할 일을 했습니다.
   학 생 : 제가 해야 할 일을 했을 뿐입니다.

4) 선 생 : 제 책임을 다 합니다.
   학 생 : 제 책임을 다 할 뿐입니다.

5) 선 생 : 이름은 모르고 얼굴만 압니다.
   학 생 : 이름은 모르고 얼굴만 알 뿐입니다.

26.1 D4

(보기) 선 생 : 그분과 결혼할 생각이에요? (우리는 친구 사이이다)
　　　　학 생 : 우리는 친구 사이일 뿐이에요.

1) 선 생 : 영어 배우는 것이 재미있어요? (필요하니까 배우다)
　 학 생 : 필요하니까 배울 뿐이에요.

2) 선 생 : 영화 구경을 자주 가세요? (일 년에 한두 번 가다)
　 학 생 : 일 년에 한두 번 갈 뿐이에요.

3) 선 생 : 그분 자주 만나세요? (아니오 / 일 때문에 한두 번 만났다)
　 학 생 : 아니오, 일 때문에 한두 번 만났을 뿐이에요.

4) 선 생 : 그 사람을 잘 아세요? (모임에서 한 번 봤다)
　 학 생 : 모임에서 한 번 봤을 뿐이에요.

5) 선 생 : 어제 어머니를 도와 드리느라고 고생하셨지요? (1시간 도와
　　　　　　드렸다)
　 학 생 : 1시간 도와 드렸을 뿐이에요.

26.2 D1

(보기) 선 생 : 이건 경제에 관한 책입니다.
　　　　학 생 : 이건 경제에 관한 책이랍니다.

1) 선 생 : 이것이 제가 쓴 논문입니다.
　 학 생 : 이것이 제가 쓴 논문이랍니다.

2) 선 생 : 우리 할머니도 젊었을 때는 미인이었습니다.
　 학 생 : 우리 할머니도 젊었을 때는 미인이었답니다.

3) 선 생 : 그 회사는 세계적으로 유명합니다.

   학 생 : 그 회사는 세계적으로 유명하답니다.

4) 선 생 : 우리 집 아이들은 무슨 음식이나 잘 먹습니다.

   학 생 : 우리 집 아이들은 무슨 음식이나 잘 먹는답니다.

5) 선 생 : 지난 주말에는 오래간만에 산에 갔다 왔습니다.

   학 생 : 지난 주말에는 오래간만에 산에 갔다 왔답니다.

26.2 D2

(보기) 선 생 : 그 도서관은 몇 시에 문을 닫아요? (24시간 이용할
                수 있다)

      학 생 : 24시간 이용할 수 있답니다.

1) 선 생 : 그 백화점에 왜 그렇게 사람이 많아요? (요즘 할인판매 기간
            이다)

   학 생 : 요즘 할인판매 기간이랍니다.

2) 선 생 : 어제 같이 걸어가던 사람이 누구예요? (2급에서 같이 공부했
            던 친구이다)

   학 생 : 2급에서 같이 공부했던 친구랍니다.

3) 선 생 : 제인 씨는 팔방미인이군요. (제인 씨는 정말 못 하는 일이 없
            다)

   학 생 : 제인 씨는 정말 못 하는 일이 없답니다.

4) 선 생 : 저 백화점은 언제 문을 열어요? (오전 10시 30분에 문을 열
            다)

   학 생 : 오전 10시 30분에 문을 연답니다.

5) 선 생 : 한국에 처음 오셨어요? (5년 전에도 한 번 왔었다)
　　학 생 : 5년 전에도 한 번 왔었답니다.

26.2 D3

(보기) 선 생 : 윗물이 맑습니다 / 아랫물이 맑습니다.
　　　　학 생 : 윗물이 맑아야 아랫물이 맑습니다.

1) 선 생 : 70번 버스를 탑니다 / 여의도에 갈 수 있습니다.
　학 생 : 70번 버스를 타야 여의도에 갈 수 있습니다.

2) 선 생 : 그 사람을 만납니다 / 그 소식에 대해 알 수 있습니다.
　학 생 : 그 사람을 만나야 그 소식에 대해 알 수 있습니다.

3) 선 생 : 월급을 탑니다 / 빌린 돈을 갚을 수 있습니다.
　학 생 : 월급을 타야 빌린 돈을 갚을 수 있습니다.

4) 선 생 : 오전 중에 신청합니다 / 오늘 진찰을 받을 수 있습니다.
　학 생 : 오전 중에 신청해야 오늘 진찰을 받을 수 있습니다.

5) 선 생 : 3월이 됩니다 / 새 아파트에 입주합니다.
　학 생 : 3월이 되어야 새 아파트에 입주합니다.

26.2 D4

(보기) 선 생 : 며칠 전에 예약해야 해요? (최소한 1주일 전에 예약
　　　　　　하다 / 안심할 수 있다)
　　　　학 생 : 최소한 1주일 전에 예약해야 안심할 수 있어요.

1) 선 생 : 몇 사람이 참석해야 해요? (5명 이상이 참석하다 / 회의를
         시작하다)
   학 생 : 5명 이상이 참석해야 회의를 시작할 수 있어요.

2) 선 생 : 몇 시에 퇴근해요? (한 시간 더 있다 / 퇴근할 수 있다)
   학 생 : 한 시간 더 있어야 퇴근할 수 있어요.

3) 선 생 : 외국어를 빨리 배우고 싶어요. (그 나라에 가서 생활하다 /
         빨리 배우다)
   학 생 : 그 나라에 가서 생활해야 빨리 배울 수 있어요.

4) 선 생 : 몇 살부터 운전면허시험을 볼 수 있어요? (18세 이상이 되다
         / 운전면허시험을 볼 수 있다)
   학 생 : 18세 이상이 되어야 운전면허시험을 볼 수 있어요.

5) 선 생 : 이 소포를 25일까지 보냈으면 합니다. (속달로 보내다 / 제
         날짜에 도착하다)
   학 생 : 속달로 보내야 제 날짜에 도착해요.

26.3 D1

(보기) 선 생 : 재주가 많습니다.
      학 생 : 재주가 많기는요.

1) 선 생 : 고맙습니다.
   학 생 : 고맙기는요.

2) 선 생 : 발음이 좋습니다.
   학 생 : 발음이 좋기는요.

3) 선 생 : 노래를 잘 합니다.
   학 생 : 노래를 잘 하기는요.

4) 선 생 : 그 학생이 부지런합니다.
   학 생 : 그 학생이 부지런하기는요.

5) 선 생 : 문법이 어렵습니다.
   학 생 : 문법이 어렵기는요.

26.3 D2

(보기) 선 생 : 아드님이 참 똑똑하군요. (똑똑하다)
       학 생 : 똑똑하기는요?

1) 선 생 : 피아노를 정말 잘 치시는군요. (잘 치다)
   학 생 : 잘 치기는요.

2) 선 생 : 집이 아주 멋있군요. (멋있다)
   학 생 : 멋있기는요.

3) 선 생 : 요리 솜씨가 정말 좋으세요. (좋다)
   학 생 : 좋기는요.

4) 선 생 : 시험이 끝나서 한가하시지요? (한가하다)
   학 생 : 한가하기는요.

5) 선 생 : 도와 드리지 못해서 미안합니다. (미안하다)
   학 생 : 미안하기는요.

6.3 D3

(보기) 선 생 : 어제 연극에 관객이 많았어요? (많았다)
       학 생 : 생각했던 것보다 많았어요.

1) 선 생 :　그 식당이 음식을 잘 해요? (잘 하다)
　　학 생 :　생각했던 것보다 잘 해요.

2) 선 생 :　그 영화가 재미있어요? (재미없었다)
　　학 생 :　생각했던 것보다 재미없었어요.

3) 선 생 :　중간 시험이 어려웠어요? (쉬웠다)
　　학 생 :　생각했던 것보다 쉬웠어요.

4) 선 생 :　이 비디오 사용하기가 어때요? (간단해서 좋다)
　　학 생 :　생각했던 것보다 간단해서 좋아요.

5) 선 생 :　기차 여행이 어땠어요? (편했다)
　　학 생 :　생각했던 것보다 편했어요.

6. 4　D1

　　(보기) 선 생 :　친구 생일에 갈 수 없으면 카드를 보내십시오.
　　　　　　학 생 :　친구 생일에 갈 수 없으면 카드라도 보내십시오.

1) 선 생 :　편지를 쓸 시간이 없으면 전화를 거십시오.
　　학 생 :　편지를 쓸 시간이 없으면 전화라도 거십시오.

2) 선 생 :　밥이 없으면 라면을 끓여서 먹읍시다.
　　학 생 :　밥이 없으면 라면이라도 끓여서 먹읍시다.

3) 선 생 :　제가 못 가면 동생이 갈 겁니다.
　　학 생 :　제가 못 가면 동생이라도 갈 겁니다.

4) 선 생 :　돈이 없으면 중고차를 삽시다.
　　학 생 :　돈이 없으면 중고차라도 삽시다.

5) 선 생 : 도와 줄 사람이 없는데 제가 도와 드리겠어요.
　 학 생 : 도와 줄 사람이 없는데 저라도 도와 드리겠어요.

6.4 D2

(보기) 선 생 : 전 오늘 10,000원밖에 없는데요. (그것을 빌려 주세
　　　　　　　요)
　　　 학 생 : 그것이라도 빌려 주세요.

1) 선 생 : 가족이 정말 보고 싶지요? (사진을 보고 싶어요)
　 학 생 : 사진이라도 보고 싶어요.

2) 선 생 : 저녁에는 1시간밖에 시간이 없어요. (1시간을 내 주세요)
　 학 생 : 1시간이라도 내 주세요.

3) 선 생 : 따뜻한 물이 없는데요. (찬 물을 빨리 주세요)
　 학 생 : 찬 물이라도 빨리 주세요.

4) 선 생 : 좌석표는 이미 매진됐어요. (입석표를 사 주세요)
　 학 생 : 입석표라도 사 주세요.

5) 선 생 : 이 근처에서는 방을 구하기가 힘들텐데요. (작은 방이 있을
　　　　　거예요)
　 학 생 : 작은 방이라도 있을 거예요.

26.4 D3

(보기) 선 생 : 이번 모임은 첫째 주 토요일이지요? (연기해야 되겠
　　　　　　　다)
　　　 학 생 : 미안합니다만 아무래도 연기해야 되겠어요.

1) 선 생 : 박 선생님 결혼식에 가시지요? (못 갈 것 같다)
   학 생 : 미안합니다만 아무래도 못 갈 것 같아요.

2) 선 생 : 오늘 저녁에 같이 술이나 마실까요? (오늘 저녁에는 안 될
            것 같다)
   학 생 : 미안합니다만 아무래도 오늘 저녁에는 안 될 것 같아요.

3) 선 생 : 김 선생님의 생일 잔치가 오늘이지요? (저는 못 가겠다)
   학 생 : 미안합니다만 아무래도 저는 못 가겠어요.

4) 선 생 : 다음 주 좌담회 사회자는 이또 씨이지요? (연기해야 되겠다)
   학 생 : 미안합니다만 아무래도 연기해야 되겠어요.

5) 선 생 :   내일까지 이 일을 끝내십시오. (제 시간에 끝낼 수 없을 것
            같다)
   학 생 : 미안합니다만 아무래도 제 시간에 끝낼 수 없을 것 같아요.

26.5 D1

(보기) 선 생 : 그 학생이 열심히 공부합니까? (열심히 하다 / 놀랐
                다)
       학 생 : 어떻게나 열심히 하는지 놀랐어요.

1) 선 생 : 아이가 그 장난감을 좋아해요? (좋아하다 / 하루종일 그것만
            가지고 놀다)
   학 생 : 어떻게나 좋아하는지 하루종일 그것만 가지고 놀아요.

2) 선 생 : 어제 밤에는 비가 왔지요? (비가 많이 오다 / 앞이 잘 보이지
            않았다)
   학 생 : 어떻게나 비가 많이 오는지 앞이 잘 보이지 않았어요.

3) 선 생 : 어제 어머님이 환갑이셨지요? (손님이 많이 왔다 / 정신이
없었다)

학 생 : 어떻게나 손님이 많이 왔는지 정신이 없었어요.

4) 선 생 : 밖의 날씨가 어때요? (바람이 불다 / 눈을 못 떴다)

학 생 : 어떻게나 바람이 부는지 눈도 못 떴어요.

5) 선 생 : 시험을 잘 보셨어요? (어렵다 / 한 문제도 못 풀었다)

학 생 : 어떻게나 어려운지 한 문제도 못 풀었어요.

26.5 D2

(보기) 선 생 : 꾸중을 듣습니다 / 일찍 들어갔습니다.

학 생 : 꾸중을 들을까 봐 일찍 들어갔습니다.

1) 선 생 : 음식이 상합니다 / 냉장고에 넣어 두었습니다.

학 생 : 음식이 상할까 봐 냉장고에 넣어 두었습니다.

2) 선 생 : 아이가 깹니다 / 작은 소리로 말하고 있습니다.

학 생 : 아이가 깰까 봐 작은 소리로 말하고 있습니다.

3) 선 생 : 시험을 잘 못 봅니다 / 걱정을 많이 했습니다.

학 생 : 시험을 잘 못 볼까 봐 걱정을 많이 했습니다.

4) 선 생 : 점심시간에는 사람이 많습니다 / 조금 늦게 식당에 갔습니다.

학 생 : 점심시간에는 사람이 많을까 봐 조금 늦게 식당에 갔습니다.

5) 선 생 : 다른 사람에게 방해가 됩니다 / 조용히 말했습니다.

학 생 : 다른 사람에게 방해가 될까 봐 조용히 말했습니다.

26.5   D3

(보기) 선 생 :   왜 일찍 출근을 하세요? (늦으면 길이 막히다)
　　　 학 생 :   늦으면 길이 막힐까 봐 일찍 출근을 해요.

1) 선 생 :   왜 택시를 타세요? (버스를 타면 늦다)
　 학 생 :   버스를 타면 늦을까 봐 택시를 타요.

2) 선 생 :   왜 빨래를 걷으세요? (오후에 비가 오다)
　 학 생 :   오후에 비가 올까 봐 빨래를 걷어요.

3) 선 생 :   왜 아직 얘기하지 않았어요? (실망하다)
　 학 생 :   실망할까 봐 얘기하지 않았어요.

4) 선 생 :   왜 농부들이 걱정을 해요? (홍수가 나다)
　 학 생 :   홍수가 날까 봐 농부들이 걱정을 해요.

5) 선 생 :   왜 치마를 입으셨어요? (바지를 입으면 실례가 되다)
　 학 생 :   바지를 입으면 실례가 될까 봐 치마를 입었어요.

제 27과

선생님 댁 방문

1

오늘은 정 선생님 댁을 방문하기로 했다. 지난 번 우연히 만났을 때 한 동네에 살고 계시는 걸 알았으면서도 그동안 바빠서 찾아 뵙지를 못 했다. 그래서 큰 마음 먹고 찾아 가겠다는 전화를 드렸다.

의외로 선생님 댁은 잘 찾을 수 없었다. 설명도 해 주셨고 또 우리 동네니까 쉽게 찾을 줄 알았는데 그게 아니었다. 골목도 많고 집들도 비슷비슷해서 어디가 어딘지 통 알 수가 없었다. 이 골목 저 골목 들어갔다 나왔다 하는 동안 시간이 자꾸 지나갔다. 선생님께 다시 전화를 드릴까 하다가 폐가 될 것 같아서 그만 두었다.

한 시간이나 걸려서 겨우 선생님 댁을 찾았다. 휴우! 한숨이 나왔다. 역시 나는 길눈이 어두운가 보다. 그러나 선생님은 안 계셨다. 잠깐 밖에 나가셨다고 한다. 아마 기다리시다가 너무 늦으니까 안 올 거

마음 먹다	to make up one's mind	골목	alley	비슷비슷하다	to be similar
겨우	barely	휴우	Phew!	한숨이 나오다	to let out a sigh

라고 생각하신 모양이다.

차를 마시면서 보니까 사모님은 아주 미인이셨다. 뿐만 아니라 조용한 목소리와 수수한 옷차림이 아름다운 얼굴과 잘 어울렸다. 잠시 이야기를 나누었지만 오래 전부터 잘 아는 분 같은 친근감을 느꼈다.

나는 한 시간쯤 있다가 일어났다. 선생님을 못 뵈서 섭섭했지만 다른 곳에 약속이 있어서였다. 이제 사시는 곳을 알았으니까 다음에는 헤매지 않아도 될 것이다.

미인   beautiful woman   수수하다   to be modest   친근감   friendliness
헤매다   to be at a loss

2

영 수 : 처음 뵙겠습니다. 사모님, 인사가 늦었습니다.
사모님 : 말씀 많이 들었어요. 우리 동네에서 하숙을 하신다면서요?
영 수 : 예, 그렇습니다. 그런데 선생님은 안 계신가요?
사모님 : 조금 전까지 기다리시다가 전화가 와서 잠깐 나가셨는데
　　　　곧 돌아오실 거예요.
영 수 : 연말이고 해서 바쁘실텐데 제가 방해를 한 것 같습니다.
사모님 : 아닙니다. 언제든지 환영하니까 자주 놀러 오십시오.

연말   end of the year   방해하다   to disturb   환영하다   to welcome

3

사모님 : 이 녹차 좀 들어보세요. 시골 차 밭에서 직접 따온 거예요.

영 수 : 아주 귀한 차군요. 향기가 참 좋습니다.

사모님 : 직장 생활에 어려움은 없으시겠지요?

영 수 : 처음에는 당황할 때가 많았는데 이젠 좀 나아졌습니다.

사모님 : 학교 생활하고는 차이가 많을 거예요.

영 수 : 취직을 하고 나서 일을 해 보니까 그래도 학교에 다닐 때가
　　　　　좋았던 것 같아요.

녹차	greentea	밭	field	따다	to pick
귀하다	to be special	향기	scent	차이	difference

4

사모님 : 직장에서는 될 수 있는 대로 빨리 자기가 하는 일에 익숙해
　　　　　지는 게 중요하다고 봐요.

영 수 : 그래서 저도 최선을 다하고 있습니다.

사모님 : 동료들 하고는 어때요? 잘 어울리시죠?

영 수 : 예, 그렇지만 아직 말이 서툴러서 답답합니다.
　　　　　모르는 게 있어도 마음놓고 물어볼 수도 없고요.

최선을 다하다　to do one's best

사모님 : 시간이 지나면 다 해결될 겁니다.

영 수 : 학교 때 좀 더 열심히 했으면 좋았을텐데…. 후회가 됩니다.

해결되다   to be settled   후회   regret

5

영 수 : 자제분들이 유학 중이라고 들었습니다.

사모님 : 예, 큰 아이는 박사 학위를 준비하고 있고 작은 아이는 교환 학생으로 가 있어요.

영 수 : 식구가 줄어서 쓸쓸하시겠습니다.

사모님 : 집안이 텅 빈 것 같아요. 객지에서 고생을 한다 생각하니 자나깨나 걱정이랍니다.

영 수 : 저, 오늘은 이만 가 봐야겠습니다. 차, 잘 마셨습니다.

사모님 : 아니 왜 벌써 가세요? 선생님 만나 뵙고 가시지 그래요.

자제	children	유학	studying abroad	학위	academic degree
교환학생	exchange student	줄다	to decrease	객지	a place away from home
자나깨나	night and day				

Lesson 27

Visit to the Teachers House

1

Today I decided to visit Mr. Chong's home. Since the last time when I met him on the street and learned that we lived in the same neighborhood, I have been busy and unable to visit him. So I made up my mind and called him to say that I was coming.

Unexpectedly I had trouble finding his house. He explained how to get there and I thought I could find it easily since it was in the neighborhood but that wasn't the case.

There are a lot of alleys and the houses all look alike and I didn't know where I was. Time just kept going by as I went in and out of this alley and that. I thought of calling him again but thought it might be a bother so I didn't.

I finally found his house after more than an hour. Whew! I breathed a sigh of relief. I guess I don't have a good sense of direction. Mr. Chong wasn't there. They said that he had just gone out. He probably waited and when it got too late thought that I wasn't coming.

As I drank some tea I noticed that Mrs. Chong was very beautiful. Not only that but her soft voice, her modest clothing and her beautiful face all went well together. We only chatted for a short time but it felt like I had known her for a long time.

I got up after about an hour. I was sad that I couldn't meet Mr. Chong but I had an appointment elsewhere. Now that I know where he lives I won't wonder around so much next time.

2

Young-su   : Nice to meet you. Sorry I'm so late.

Mrs. Chong : I've heard a lot about you. I hear that you are in a boarding house in the neighborhood?

Young-su   : Yes, that's right. But isn't Mr. Chong here?

Mrs. Chong : He waited here until just a little while a go and then got a phone call and he just stepped out. He will be right back.

Young-su   : It being the end of the year you must be busy. I'm sorry to intrude.

Mrs. Chong : Don't worry. You are always welcome. Come and visit often.

3

Mrs. Chong : Try some of this green tea. It was hand picked from tea plants in the country.

Young-su   : Um, this is a very special tea. It smells great.

Mrs. Chong : Have you had any difficulties at work?

Young-su   : At first there were times when I was very confused but now it has gotten much better.

Mrs. Chong : It is probably much different than school life.

Young-su   : After getting a job and starting work, now when I look back the time I attended school seems very good.

4

Mrs. Chong : At work it is important to quickly adjust to the work you must do.

Young-su   : That's why I am doing my best.

Mrs. Chong : How is it with your colleagues? Do you get along well?

Young-su   : Yes. But it is still awkward because my language is still poor. When there is something I don't know I can't just relax and ask.

Mrs. Chong : As time passes everything will work out.

Young-su : I wish I had been more diligent in school. Now I regret it.

5

Young-su : I hear that your children are abroad studying.

Mrs. Chong : Yes. My oldest child is working on his(her) Ph.D and the younger one is an undergraduate

Young-su : It must be lonely with the number of people here at home being smaller.

Mrs. Chong : It seems like the house is empty. Night and day I worry about how they are doing where they are.

Young-su : Well, I have to go. Thank you for the tea.

Mrs. Chong : No. Why do you have to go so soon? Stay until you meet my husband and then go.

문 법

27. 1 G1   -(으)면서

• This conjunctive ending is attached to the stem of the verb and indicates that two actions or conditions occur at the same time. (See 15.5 G1)

예: 돈을 주면서 심부름을 시켜요.   He gives the money whenever he sends someone on an errand.

먼저 떠나면서 우리에게 나중에 오라고 했어요.   He left first and as he did he told us to come later.

참외가 크면서 달아요.   The melon is big and sweet.

옷이 가벼우면서 따뜻해요.   The clothes are light but warm.

그는 의사이면서 예술가이기도 합니다.   He is a doctor and at the same time an artist.

27. 1 G2   -(으)면서도

• This is a combination of the conjunctive ending -(으)면서 and particle -도. It is used when the action or condition stated in the first clause is not followed by an expected or natural result but by an opposite result. -도 can be dropped.

예: 뜻을 알면서도 대답을 안 한다.   Even though he knows the meaning (of something) he won't answer.

조금 아까 전화했으면서도 또 하니?	Even though you just called, you are calling again?
일을 잘 하면서도 불평이 많아요.	Even though he works well he complains a lot.
돈이 없으면서도 쓰기는 잘 합니다.	He likes to spend money even though he doesn't have any.
감기에 걸렸으면서도 약을 안 먹어요.	Even though he has a cold he won't take any medicine.

27. 2 G1 -다면서요?

• This form is used to confirm something the speaker has heard or to challenge an unexpected result.

예: 며칠 전에 두 사람이 극장에 갔다 왔다면서요?	I hear the two of you went to the theatre a few days ago.
형이 유명한 운동 선수라면서 요?	I hear your brother is a famous athlete.
좋은 책을 추천해 달라면서요?	I hear you want me to recommend a good book.
오늘은 그만하고 내일 하자면 서요?	Did I hear that you suggest quitting today and doing it tomorrow?
몰라요? 어제 배웠다면서요?	You don't know? I heard you learned it yesterday.

27.2 G2 -고 해서

• This form is used at the end of the first clause to state one of several factors that could be listed which have the result mentioned in the second clause.

예: 비도 오고 해서 온종일 집에 있었어요.

It was raining and all so I stayed home the whole day.

두 사람은 취미도 같고 해서 자주 만나요.

The two of them have the same hobbies and all so they meet often.

외롭고 해서 술 한잔했습니다.

I was lonely and stuff so I had a drink.

하숙을 옮기고 해서 친구들을 초대했지요.

I moved to a different boarding house and all so I invited my friends over.

부탁할 것도 있고 해서 연구실로 찾아갔어요.

I had something to ask him to do and things so I went to the lab.

27.3 G1 -었던 것 같다

• This form is used reflecting on a past experience and indicates that one is not certain about the memory or it has not been confirmed.

• -던 것 같다 is used when speaking about an ongoing action which was experienced. -었던 것 같다 is used when referring to a completed act or situation which was experienced.

예: 그 집에는 드나드는 사람이 많던 것 같아요.

It seems like there were a lot of people dropping in at that house.

그 사람이 멋에 대해서 얘기하던 것 같은데요.

It seems like he was talking about style.

그 책을 책장에서 보았던 것 같은데 없네.	I thought I saw the book on the bookshelf but it isn't there.
지금보다 어렸을 때가 더 좋았던 것 같아요.	It seems like things were better when I was young than they are now.
작년에 옷이 컸던 것 같은데 올해는 맞는다.	It seems like this clothes were too big last year but this year they fit just right.

27. 4 G1   -다고 봐요

• This has the same meaning as -다고 생각하다 and is used to express the speaker's opinion. After a noun -(이)라고 봐요 is used.

예: 풍습이 옛날과는 많이 달라졌다고 봐요.	I think that customs have changed a lot since the old days.
그 사람의 생각이 맞는다고 봐요.	I think that he is right.
백 번 듣는 것보다 한 번 보는 것이 낫다고 봐요.	I think that it is better to see something once than to hear about it one hundred times.
청소년이 잘못되는 것은 부모 때문이라고 봐요.	I think that when a child is a problem it is the parent's fault.
이번의 실패는 우리 책임이라고 봅니다.	I think this failure is our responsibility.

27. 5 G1   -(으)나 -(으)나

• -(으)나 is repeated to list alternatives creating an idiomatic expression. The two alternatives have a symmetrical relationship to each other.

예: 비가 오나 눈이 오나 매일 출근한다.	I go to work every day whether it is raining or snowing.
어머니는 자나깨나 공부만 하라고 해요.	Mom is always telling me to study, whether she is awake or asleep.
먹으나 안 먹으나 배가 불러요.	I am always full whether I eat or not.
앉으나 서나 그녀 생각뿐 입니다.	I think of her all the time whether I am sitting or standing.
너는 오나 가나 말썽이야.	You are a pain whether you are going or coming.

27.5 G2 -지 그래요

• This propositive form is used with action verbs and means "why don't you…" When the other person does something that does not suit the speaker this form is used to strongly suggest another action.

예: 피곤하면 쉬지 그래요.	If you are tired why don't you rest?
모르면 물어 보지 그래요.	If you don't know then why don't you ask?
색이 마음에 안 들면 바꾸지 그래요.	If you don't like the color why don't you exchange it?
방이 찬데 방석을 깔고 앉지 그랬어요.	The room is cold, you should have sat on a cushion.
고장이 났으면 고쳐서 쓰지 그랬어요.	If it was broken you should have fixed it.

유형 연습

27.1 D1

(보기) 선 생 : 그 사람을 좋아합니다 / 표현을 못 합니다.
　　　학 생 : 그 사람을 좋아하면서도 표현을 못 합니다.

1) 선 생 : 그 사람은 부자입니다 / 구두쇠입니다.
　　학 생 : 그 사람은 부자이면서도 구두쇠입니다.

2) 선 생 : 맞춤법이 정확하지 않습니다 / 연습을 하지 않습니다.
　　학 생 : 맞춤법이 정확하지 않으면서도 연습을 하지 않습니다.

3) 선 생 : 그 사람을 잘 압니다 / 모르는 척 합니다.
　　학 생 : 그 사람을 잘 알면서도 모르는 척 합니다.

4) 선 생 : 서울에서 10년이나 살았습니다 / 남대문시장이 어디에 있는
　　　　　지 모릅니다.
　　학 생 : 서울에서 10년이나 살았으면서도 남대문시장이 어디에 있는
　　　　　지 모릅니다.

5) 선 생 : 과로해서 몸살이 났습니다 / 쉬지 않습니다.
　　학 생 : 과로해서 몸살이 났으면서도 쉬지 않습니다.

27.1 D2

(보기) 선 생 : 박 선생님은 요리 솜씨가 좋아요? (안 하려고 하다)
　　　학 생 : 예, 박 선생님은 요리 솜씨가 좋으면서도 안 하려고 해요.

1) 선 생 : 그 애가 요즘 많이 아파요? (결석은 하지 않다)
   학 생 : 예, 그 애가 요즘 많이 아프면서도 결석은 하지 않아요.

2) 선 생 : 그 친구는 시험을 잘 보지요? (늘 걱정을 하다)
   학 생 : 예, 그 친구는 시험을 잘 보면서도 늘 걱정을 해요.

3) 선 생 : 두 사람은 성격이 잘 맞아요? (가끔 말다툼을 하다)
   학 생 : 예, 두 사람은 성격이 잘 맞으면서도 가끔 말다툼을 해요.

4) 선 생 : 그분은 재산을 많이 모았지요? (남을 도와 주지 않다)
   학 생 : 예, 그분은 재산을 많이 모았으면서도 남을 도와 주지 않아요.

5) 선 생 : 그 사람이 잘못 했지요? (오히려 화를 내다)
   학 생 : 예, 그 사람이 잘못 했으면서도 오히려 화를 내요.

27. 1 D3

(보기) 선 생 : 그 친구에게 충고를 하셨어요? (오해가 생기다 / 그
               만두었다)
       학 생 : 그 친구에게 충고를 할까 하다가 오해가 생길 것 같
               아서 그만두었어요.

1) 선 생 : 취직하셨어요? (후회가 되다 / 대학원에 진학하기로 했다)
   학 생 : 취직할까 하다가 후회가 될 것 같아서 대학원에 진학하기로
           했어요.

2) 선 생 : 새 스키를 샀습니까? (돈이 모자라다 / 다음에 사기로 했다)
   학 생 : 새 스키를 살까 하다가 돈이 모자랄 것 같아서 다음에 사기
           로 했어요.

3) 선 생 : 주말에 설악산에 갔다가 왔어요? (교통이 복잡하다 / 평일에

가기로 했다)

학 생 : 주말에 설악산에 갈까 하다가 교통이 복잡할 것 같아서 평일
에 가기로 했어요.

4) 선 생 : 부모님께 거짓말을 했어요? (마음이 불편하다 / 사실대로 말
씀드렸다)

학 생 : 부모님께 거짓말을 할까 하다가 마음이 불편할 것 같아서 사
실대로 말씀드렸어요.

5) 선 생 : 그 일을 혼자서 했어요? (힘들다 / 친구에게 도와 달라고 했
다)

학 생 : 그 일을 혼자서 할까 하다가 힘들 것 같아서 친구에게 도와
달라고 했어요.

27.1 D4

(보기) 선 생 : 요즘 김 선생님한테서 연락이 와요? (안 오다)
학 생 : 아니오, 요즘 김 선생님한테서 연락이 통 안 와요.

1) 선 생 : 요즘 시간 여유가 있어요? (없다)
학 생 : 아니오, 요즘 시간 여유가 통 없어요.

2) 선 생 : 요즘 입맛이 좋아요? (없다)
학 생 : 아니오, 요즘 입맛이 통 없어요.

3) 선 생 : 강 선생님이 술을 잘 마셔요? (안 마시다)
학 생 : 아니오, 강 선생님이 술을 통 안 마셔요 .

4) 선 생 : 스미스 씨는 한국 음악에 대해서 잘 알아요? (모르다)
학 생 : 아니오, 스미스 씨는 한국 음악에 대해서 통 몰라요.

5) 선 생 : 요즘 부모님을 뵈러 가요? (못 가다)
학 생 : 아니오, 요즘 부모님을 뵈러 통 못 가요.

27. 2   D1

(보기) 선 생 : 이곳에 새 건물을 짓습니다.
　　　 학 생 : 이곳에 새 건물을 짓는다면서요?

1) 선 생 : 장마철에 비가 많이 옵니다.
　 학 생 : 장마철에 비가 많이 온다면서요?

2) 선 생 : 요즘 눈 코 뜰 새없이 바쁩니다.
　 학 생 : 요즘 눈 코 뜰 새없이 바쁘다면서요?

3) 선 생 : 논문을 쓰느라고 아주 힘듭니다.
　 학 생 : 논문을 쓰느라고 아주 힘들다면서요?

4) 선 생 : 공공요금이 많이 올랐습니다.
　 학 생 : 공공요금이 많이 올랐다면서요?

5) 선 생 : 회사를 그만두셨습니다.
　 학 생 : 회사를 그만두셨다면서요?

27. 2   D2

(보기) 선 생 : 오늘 저녁에 영호를 만날 거에요. (영호가 얼마 전에
　　　　　　　 취직을 했다)
　　　 학 생 : 영호가 얼마 전에 취직을 했다면서요?

1) 선 생 : 제 친구가 내일 결혼해요. (신부가 아주 미인이다)
　 학 생 : 신부가 아주 미인이라면서요?

2) 선 생 : 요즘 감기는 아주 심해요. (요즘 감기가 유행이다)
　 학 생 : 요즘 감기가 유행이라면서요?

3) 선 생 : 그 식당에 가서 순두부를 먹을까요? (그 식당은 순두부가 유
명하다)

학 생 : 그 식당은 순두부가 유명하다면서요?

4) 선 생 : 지금 김포공항에 가는 길이에요. (부모님께서 오시다)

학 생 : 부모님께서 오신다면서요?

5) 선 생 : 어제 저녁 모임은 재미없었어요. (사람들이 많이 안 왔다)

학 생 : 사람들이 많이 안 왔다면서요?

27.2 D3

(보기) 선 생 : 일도 많습니다 / 약속을 취소했습니다.

학 생 : 일도 많고 해서 약속을 취소했습니다.

1) 선 생 : 몸도 피곤합니다 / 일찍 잤습니다.

학 생 : 몸도 피곤하고 해서 일찍 잤습니다.

2) 선 생 : 날씨도 춥습니다 / 하루종일 집에만 있었습니다.

학 생 : 날씨도 춥고 해서 하루종일 집에만 있었습니다.

3) 선 생 : 할 일도 없습니다 / 일찍 퇴근했습니다.

학 생 : 할 일도 없고 해서 일찍 퇴근했습니다.

4) 선 생 : 잠도 오지 않습니다 / 소설책을 읽었습니다.

학 생 : 잠도 오지 않고 해서 소설책을 읽었습니다.

5) 선 생 : 승진도 됩니다 / 한턱 냈습니다.

학 생 : 승진도 되고 해서 한턱 냈습니다.

27. 2 D4

(보기) 선 생 : 왜 그 동네로 이사를 하셨어요? (교통도 편리하다)
　　　 학 생 : 교통도 편리하고 해서 그 동네로 이사를 했어요.

1) 선 생 : 왜 아침마다 운동을 하세요? (건강에도 좋다)
　 학 생 : 건강에도 좋고 해서 아침마다 운동을 해요.

2) 선 생 : 왜 카페에서 금방 나왔어요? (음악도 너무 시끄럽다)
　 학 생 : 음악도 너무 시끄럽고 해서 카페에서 금방 나왔어요.

3) 선 생 : 왜 어제 친구들과 한잔했어요? (기분도 우울하다)
　 학 생 : 기분도 우울하고 해서 친구들과 한잔했어요.

4) 선 생 : 왜 그 적금을 드셨어요? (이자율도 높다)
　 학 생 : 이자율도 높고 해서 그 적금을 들었어요.

5) 선 생 : 왜 그 사람과 헤어졌어요? (성격도 맞지 않다)
　 학 생 : 성격도 맞지 않고 해서 그 사람과 헤어졌어요.

27. 3 D1

(보기) 선 생 : 한국생활에 익숙해지셨지요? (불편한 게 많다 / 익숙
　　　　　　　해졌다)
　　　 학 생 : 처음에는 불편한 게 많았는데 이젠 익숙해졌어요.

1) 선 생 : 그 옷이 좀 작지요? (딱 맞다 / 좀 작다)
　 학 생 : 처음에는 딱 맞았는데 이젠 좀 작아요.

2) 선 생 : 한국음식이 입에 맞지요? (매워서 먹을 수 없다 / 입에 맞
　　　　　다)
　 학 생 : 처음에는 매워서 먹을 수 없었는데 이젠 입에 맞아요.

3) 선 생 : 서울에서 버스 타기가 쉽지요? (길을 잘 몰라서 당황하다 /
　　　　　쉽다)

　　학 생 : 처음에는 길을 잘 몰라서 당황했는데 이젠 쉬워요.

4) 선 생 : 텔레비전 뉴스를 들을 수 있지요? (아나운서 말이 빨라서 하
　　　　　나도 모르다 / 들을 수 있다)

　　학 생 : 처음에는 아나운서 말이 빨라서 하나도 몰랐는데 이젠 들을
　　　　　수 있어요.

5) 선 생 : 그분의 성격이나 행동을 이해할 수 있지요? (이상하다고 생
　　　　　각하다 / 이해할 수 있다)

　　학 생 : 처음에는 이상하다고 생각했는데 이젠 이해할 수 있어요.

27.3 D2

(보기) 선 생 :　한국말로 이야기하기가 어때요? (학교에서 연습을 하
　　　　　　　다 / 이야기 하다 / 쉽다)

　　학 생 :　학교에서 연습을 하고 나서 이야기하니까 쉽더군요.

1) 선 생 : 한국에서 살기가 어때요? (한국 친구를 알다 / 생활방식을
　　　　　이해하다 / 좋다)

　　학 생 : 한국 친구를 알고 나서 생활방식을 이해하니까 좋더군요.

2) 선 생 : 그 영화가 어때요? (친구한테서 이야기를 듣다 / 보다 / 재
　　　　　미없다)

　　학 생 : 친구한테서 이야기를 듣고 나서 보니까 재미없더군요.

3) 선 생 : 이 책의 내용이 어때요? (선생님 설명을 듣다 / 읽다 / 어렵
　　　　　지 않다)

　　학 생 : 선생님 설명을 듣고 나서 읽으니까 어렵지 않더군요.

4) 선 생 : 맥주 맛이 어때요? (운동을 하다 / 마시다 / 아주 시원하다)
   학 생 : 운동을 하고 나서 마시니까 아주 시원하더군요.

5) 선 생 : 책장을 옮기기가 어려웠지요? (책을 모두 꺼내다 / 들다 /
          별로 어렵지 않다)
   학 생 : 책을 모두 꺼내고 나서 드니까 별로 어렵지 않더군요.

27.3 D3

(보기) 선 생 : 어렸을 때 집 근처에 병원이 있었습니다.
       학 생 : 어렸을 때 집 근처에 병원이 있었던 것 같아요.

1) 선 생 : 젊었을 때 미인이었습니다.
   학 생 : 젊었을 때 미인이었던 것 같아요.

2) 선 생 : 그때가 사춘기이었습니다.
   학 생 : 그때가 사춘기이었던 것 같아요.

3) 선 생 : 10년 전에는 차가 별로 없었습니다.
   학 생 : 10년 전에는 차가 별로 없었던 것 같아요.

4) 선 생 : 옛날에 한 번 와 보았습니다.
   학 생 : 옛날에 한 번 와 보았던 것 같아요.

5) 선 생 : 어제 문수 씨가 화가 났습니다.
   학 생 : 어제 문수 씨가 화가 났던 것 같아요.

27.3 D4

(보기) 선 생 : 작년 겨울에도 이렇게 추웠어요? (별로 춥지 않다)
       학 생 : 별로 춥지 않았던 것 같아요.

1) 선 생 : 예전에는 이곳이 어떤 곳이었어요? (주택지이다)
   학 생 : 주택지이었던 것 같아요.

2) 선 생 : 지난 주에 박 선생님이 아주 피곤해 보이더군요. (며칠 밤을
         새우다)
   학 생 : 며칠 밤을 새웠던 것 같아요.

3) 선 생 : 그 학생이 지난 학기에도 결석을 많이 했어요? (별로 많이
         하지 않다)
   학 생 : 별로 많이 하지 않았던 것 같아요.

4) 선 생 : 어렸을 때 어떤 아이었어요? (장난을 몹시 좋아하다)
   학 생 : 장난을 몹시 좋아했던 것 같아요.

5) 선 생 : 작년 여름에는 날씨가 어땠어요? (자주 비가 오고 무덥다)
   학 생 : 자주 비가 오고 무더웠던 것 같아요.

27.4 D1

(보기) 선 생 : 형식보다 내용이 중요합니다.
      학 생 : 형식보다 내용이 중요하다고 봐요.

1) 선 생 : 그 사람 성격에 문제가 있습니다.
   학 생 : 그 사람 성격에 문제가 있다고 봐요.

2) 선 생 : 아이에게는 어머니 사랑이 제일 필요합니다.
   학 생 : 아이에게는 어머니 사랑이 제일 필요하다고 봐요.

3) 선 생 : 숙제가 많은 것이 공부에 도움이 됩니다.
   학 생 : 숙제가 많은 것이 공부에 도움이 된다고 봐요.

4) 선 생 : 경제가 많이 회복되었습니다.
   학 생 : 경제가 많이 회복되었다고 봐요.

5) 선 생 : 그 회사 제품의 질이 많이 좋아졌습니다.

　　학 생 : 그 회사 제품의 질이 많이 좋아졌다고 봐요.

27. 4 D2

(보기) 선 생 : 감기에 걸려서 고생하고 있어요. (감기에 걸렸을 때
　　　　　　　는 쉬는 게 좋다)

　　　　학 생 : 감기에 걸렸을 때는 쉬는 게 좋다고 봐요.

1) 선 생 : 요즘 자가용으로 출퇴근하기가 힘들어요. (지하철이 더 편리
　　　　　하다)

　　학 생 : 지하철이 더 편리하다고 봐요.

2) 선 생 : 빨리 한국말을 배우고 싶어요. (빨리 한국말을 배우려면 한
　　　　　국 가정에서 사는 게 가장 좋다)

　　학 생 : 빨리 한국말을 배우려면 한국 가정에서 사는 게 가장 좋다고
　　　　　봐요.

3) 선 생 : 요즘 자기 집을 갖기가 무척 어려운 것 같아요. (아껴 쓰고
　　　　　저축하면 집을 살 수 있다)

　　학 생 : 아껴 쓰고 저축하면 집을 살 수 있다고 봐요.

4) 선 생 : 언제쯤 모든 암을 치료할 수 있을까요? (앞으로 10년 후면
　　　　　가능하다)

　　학 생 : 앞으로 10년 후면 가능하다고 봐요.

5) 선 생 : 우리 아이는 그림에 재능이 있는 것 같아요. (아이의 재능은
　　　　　일찍 키워 주는 게 좋다)

　　학 생 : 아이의 재능은 일찍 키워 주는 게 좋다고 봐요.

27. 4 D3

(보기) 선 생 : 그분이 어제 고향으로 돌아갔어요. (가기 전에 송별
회를 하다

학 생 : 가기 전에 송별회를 했으면 좋았을텐데.

1) 선 생 : 시간이 늦어서 기차를 놓쳤어요. (집에서 일찍 떠나다)
학 생 : 집에서 일찍 떠났으면 좋았을텐데.

2) 선 생 : 시험 공부할 게 너무 많아요. (평소에 예습 복습을 하다)
학 생 : 평소에 예습 복습을 했으면 좋았을텐데.

3) 선 생 : 브라운 씨 가족이 지난 일요일에 미국으로 떠났어요. (떠나
기 전에 미리 알다)

학 생 : 떠나기 전에 미리 알았으면 좋았을텐데.

4) 선 생 : 친구가 과로로 입원했어요. (건강에 신경을 쓰다)
학 생 : 건강에 신경을 썼으면 좋았을텐데.

5) 선 생 : 간염에 걸려서 고생을 했어요. (미리 예방주사를 맞다)
학 생 : 미리 예방주사를 맞았으면 좋았을텐데.

27. 5 D1

(보기) 선 생 : 비가 옵니다 / 눈이 옵니다 / 아침마다 운동을 합니다.
학 생 : 비가 오나 눈이 오나 아침마다 운동을 합니다.

1) 선 생 : 잡니다 / 깹니다 / 시험 걱정입니다.
학 생 : 자나깨나 시험 걱정입니다.

2) 선 생 : 먹습니다 / 안 먹습니다 / 마찬가지입니다.
학 생 : 먹으나 안 먹으나 마찬가지입니다.

3) 선 생 :   앉습니다 / 섭니다 / 그 여자만 생각합니다.
   학 생 :   앉으나 서나 그 여자만 생각합니다.

4) 선 생 :   옵니다 / 갑니다 / 일이 많습니다.
   학 생 :   오나 가나 일이 많습니다.

5) 선 생 :   밉습니다 / 곱습니다 / 우리가 돌봐야 합니다.
   학 생 :   미우나 고우나 우리가 돌봐야 합니다.

27.5 D2

(보기) 선 생 :   그 학생은 결석하는 일이 없어요? (비가 오다 / 눈이
              오다 / 결석하는 일이 없다)
       학 생 :   예, 비가 오나 눈이 오나 결석하는 일이 없어요.

1) 선 생 :   영민이가 열심히 공부하지 않아요? (자다 / 깨다 / 놀 생각
           만 하다)
   학 생 :   예, 자나깨나 놀 생각만 해요.

2) 선 생 :   다이어트를 해도 살이 빠지지 않아요? (먹다 / 안 먹다 / 체
           중이 그대로이다)
   학 생 :   예, 먹으나 안 먹으나 체중이 그대로에요.

3) 선 생 :   요즘 그분 사업이 잘 안 되나봐요. (앉다 / 서다 / 돈 걱정
           뿐이다)
   학 생 :   예, 앉으나 서나 돈 걱정뿐이에요.

4) 선 생 :   일이 많으시군요. (오다 / 가다 / 심부름만 하다)
   학 생 :   예, 오나 가나 심부름만 해요.

5) 선 생 :   그 친구를 도와 주시겠어요? (밉다 / 곱다 / 친구이니까 도
           와 주어야 하다)
   학 생 :   예, 미우나 고우나 친구이니까 도와 주어야 해요.

27.5 D3

(보기) 선 생 : 급하지 않으면 버스를 탑니다.
　　　학 생 : 급하지 않으면 버스를 타지 그래요.

1) 선 생 : 집에서 조금만 더 일찍 나옵니다.
　 학 생 : 집에서 조금만 더 일찍 나오지 그래요.

2) 선 생 : 머리가 아프면 두통약을 먹습니다.
　 학 생 : 머리가 아프면 두통약을 먹지 그래요.

3) 선 생 : 모르는 게 있으면 선생님께 여쭈어 봅니다.
　 학 생 : 모르는 게 있으면 선생님께 여쭈어 보지 그래요.

4) 선 생 : 직접 갈 시간이 없으면 전화를 합니다.
　 학 생 : 직접 갈 시간이 없으면 전화를 하지 그래요.

5) 선 생 : 국이 싱거우면 소금을 좀 더 넣습니다.
　 학 생 : 국이 싱거우면 소금을 좀 더 넣지 그래요.

27.5 D4

(보기) 선 생 : 밖이 시끄러운데요. (문을 닫다)
　　　학 생 : 밖이 시끄러우면 문을 닫지 그래요.

1) 선 생 : 늦을 것 같은데요. (택시를 타다)
　 학 생 : 늦을 것 같으면 택시를 타지 그래요.

2) 선 생 : 이 색깔이 마음에 안 들어요. (다른 걸로 사다)
　 학 생 : 이 색깔이 마음에 안 들면 다른 걸로 사지 그래요.

3) 선 생 : 몸이 안 좋은데요. (집에 일찍 가서 쉬다)
　 학 생 : 몸이 안 좋으면 집에 일찍 가서 쉬지 그래요.

4) 선 생 : 온돌방이 불편해요. (침대를 쓰다)

　　학 생 : 온돌방이 불편하면 침대를 쓰지 그래요.

5) 선 생 : 100원짜리 동전이 없군요. (가게 아저씨에게 바꿔 달라고
　　　　　 하다)

　　학 생 : 100원짜리 동전이 없으면 가게 아저씨에게 바꿔 달라고 하
　　　　　 지 그래요.

제 28과

부탁합니다

1

우리는 살아가는 동안 다른 사람의 힘을 빌려야 할 때가 있다. 그럴 때 우리는 부탁을 한다. 그래서 "먼 친척보다는 가까운 이웃이 더 낫다", "이웃 사촌"이라는 말들이 생겼을 것이다.

누구든지 부탁을 한 번도 해 본 일이 없다고 한다면 그것은 거짓말일 것이다. 부모나 자녀, 친척이나 친구, 선후배, 또는 윗사람이나 아랫사람에게 우리는 부탁을 하기도 하고 받기도 한다.

그러나 부탁은 하기도 어렵고 거절하기도 어렵다. 무리한 부탁을 하면 남을 곤란하게 하고 거절을 잘 못하면 오해를 살 수 있기 때문이다. 어쨌든 마음놓고 부탁을 할 수 있는 사람이 있다는 것은 행복한 일이다.

이웃 사촌	neighbor	자녀	children
곤란하다	to be in a difficult situation	오해를 사다	to bring about a misunderstanding
어쨌든	anyhow	거절하다	to reject

나는 어제 가깝게 지내는 한국 친구를 만났다. 이런 저런 이야기를 하다가 이번 설날에 부모님께 세배를 하러 가도 좋으냐고 물어보았다. 나는 오래 전부터 한국을 떠나기 전에 이곳의 설날 풍습을 직접 보고 싶었다. 그러나 새해 첫 날 남의 집을 방문하는 것은 실례가 될 것 같아서 쉽게 부탁할 수가 없었다. 역시 그 친구는 두말않고 내 말을 들어 주었다. 나는 한국 사람과 똑같이 설 기분을 내고 싶어서 절하는 방법도 가르쳐 달라고 했다. 친구는 윷놀이까지 가르쳐 주었다.

나는 요즈음 "새해 복 많이 받으십시오"라는 말을 잘못해서 "새해 복 많이 잡수십시오"라고 하지 않도록 열심히 인사말을 외우고 있다.

세배하다	a formal bow on New Year's day	새해	New Year	똑같이	just like
절하다	to bow	윷놀이	a game of *yut*	복	luck

②

은 영 : 죤슨 씨는 설날 하면 무슨 생각이 나세요?

죤 슨 : 설날 하면 세배가 제일 먼저 생각납니다.

은 영 : 그럼 세배를 하고 나서 받는 세뱃돈도 아시겠군요.

죤 슨 : 알고 말고요. 그런데 어른한테 세배를 할 땐 뭐라고 하나요?

은　영 : 절을 한 다음에 "올해는 소원 성취하십시오"라든가 "더
　　　　욱 건강하십시오"라고 하시는 게 좋겠지요.
죤　슨 : 저어, 부탁이 있는데 절 하는 법 좀 가르쳐 주세요.

소원　　wish　　　　　성취하다　　to accomplish

3

은　영 : 절은 왜 갑자기 배우려고 그러세요?
죤　슨 : 새해엔 저도 세배를 다니고 싶어서 그래요.
은　영 : 가르쳐 드리는 건 어렵지 않지만 절은 한복을 입고 해야
　　　　제맛이 나요.
죤　슨 : 한복은 어디서 파나요?
은　영 : 죤슨 씨는 키가 크니까 입을 만한 것이 없을 거예요. 맞
　　　　춰 입으세요.
죤　슨 : 그럼 언제 시간 좀 내 주세요.

한복　Korean traditional clothes　　　　맞추다　　to have something made

4

존 슨 : 설날이 되면 집집마다 윷놀이를 한다지요?

은 영 : 하는 집도 있고 안 하는 집도 있어요.

존 슨 : 은영 씨 댁에서는 어떻습니까?

은 영 : 우리 집에선 잘 해요. 다 같이 즐길 수 있는 놀이로는 윷
놀이가 제일이거든요.

존 슨 : 저도 한 번 해봤으면 했는데 아직 못 해 봤어요. 윷놀인
어떻게 하는 거죠?

은 영 : 그냥 던지기만 하면 돼요. 제가 한 번 자리를 만들어 볼
게요.

던지다   to throw   자리를 만들다   to provide an opportunity

5

존 슨 : 은영 씨, 민속 놀이 마당에 가 보셨어요?

은 영 : 못 가 봤어요. 사물놀이도 공연했다지요?

존 슨 : 예, 사물놀이는 들으면 들을수록 신이 나요. 가야금이나
피리하고는 느낌이 아주 달라요.

사물놀이 *Sa-mul Nori*   공연하다   to perform   신이 나다   to get excited
가야금   *Kayakeum*   피리   *Piri*

은　영 : 우리 음악에 관심이 많으시네요.

죤　슨 : 음악을 좋아하니까요. 혹시 판소리 할 줄 아시면 좀 해
　　　　보세요.

은　영 : 판소리는 아무나 못해요. 제가 녹음을 해다가 드리죠.

판소리　　*Pansori*　　　　　　녹음하다　　to record

Lesson 28

A Request

1

As we go throughout life there are times when we have to borrow strength from other people. At those times we have to ask favors. That is probably where the phrases "A close neighbor is better than a distant relative" and "A neighborhood cousin" come from.

Anyone who says that they have never asked a favor of anyone is probably lying. We have all received and done favors for our parents, children, relatives, friends, upper or lower classmates, or senior or junior colleagues.

But it is hard to do favors and hard to refuse. This is because if you ask a favor that is too hard it makes things hard for others and if you refuse to do a favor in a poor way then it can cause misunderstandings. It is great that there are some people that you can ask favors of and not worry.

Yesterday I met a close Korean friend. We talked about this and that and then I asked hime if I could go with him on New Year's day when he goes to bow to his parents. For a long time I've wanted to personally see Korea's New Year customs before I left here. But I was afraid that it would be rude to visit someone's home on the first day of the new year so it was hard to ask. It turned out that my friend said it was OK without even thinking I asked my friend to teach me how to bow so I could get the full experience of New Year's like a Korean. He even taught me how to play Yut.

Lately I have been trying to diligently memorize my greetings so that I don't mess up and say "I hope you eat a lot of New Year's blessings" instead of "I hope you receive a lot of New Year's blessings."

2

Eun-young : Mr. Johnson, What do you think about when you think of New Year's?

Johnson : The first thing that I think about is Saebae.

Eun-young : Then you must know about the Saebae money you get after bowing.

Johnson : Of course I know about that. But what do you say to your elders when you bow to them.

Eun-young : After you bow it is good to say something like "May all of your wishes come true this year." or "Please be more healthy."

Johnson : Uh, I have a request. Please teach me how to bow.

3

Eun-young : Why do you all of a sudden want to learn how to bow?

Johnson : Because I want to go bow this New Year's also.

Eun-young : It won't be hard to teach you how to bow but it looks best if you wear a hanbok when you bow.

Johnson : Where do they sell hanboks?

Eun-young : You are so tall there probably isn't any that will fit. Have one tailor made.

Johnson : Good, then give me a little time.

4

Johnson : On New Year's day everyone plays Yut, right?

Eun-young : They play it at some homes and at others they don't.

Johnson : How about at your home?

Eun-young : We like to play it. It is one of the best games that we can enjoy all together.

Johnson : I have wanted to play it but haven't been able to yet. How do you play it?

Eun-young : You just have to throw the sticks. Should I set up a game?

5

Johnson : Eun-young, have you been to the folk game center?

Eun-young : No I haven't. They say that they perform *Sa-mul Nori* there.

Johnson : Yeah, the more you hear folk music the more fun it is. It is very different from the *Kayakeum* or the *Piri*

Eun-young : My, you seem to have a lot of interest in our music.

Johnson : It's because I like music. If you know how to sing Pansori try it once for me.

Eun-young : Not just anyone can sing Pansori. I'll get a tape and give it to you.

문 법

28. 1 G1 -는다면

• This is attached to verbs and used when making suppositions about a fact. By using adverbs such as 만일, 만약, and 가령 in the first of sentence the sense of supposition is heightened. (See 25.1 G1)

예: 오늘이 금요일이라면 영화구경 가도 되는데요.	If today were Friday it would be all right to see a movie.
네가 나라면 그 사람과 결혼하겠니?	If you were me would you marry him?
만약에 내가 새라면 당신에게 날아갈 수 있을텐데….	If I were a bird I could fly to you.
만일 두 사람이 헤어진다면 아이들은 누가 키울까?	If the two of you separated who would raise the children?
나한테 그 일을 맡긴다면 잘 할 수 있을 거예요.	If you give the work to me I can do it well.

28. 1 G2 -고 말고(요)

• This form indicates that "of course" the action mentioned took place or will take place or the condition stated is true. It is used to emphasize or affirm.

예: 가: 잔치에 가시겠어요?   *a*: Are you going to the banquet?

　　나: 가고 말고요.   *b*: Of course I'm going.

　　가: 부인한테 잘 해 줘요?   *a*: Are you good to your wife?

　　나: 잘 해 주고 말고요.   *b*: Of course I'm good to my wife.

　　가: 최 사장님을 아세요?   *a*: Do you know president Choi?

　　나: 그럼요, 알고 말고요.   *b*: Of course I know him. We are very
　　　 아주 가까운 사이예요.   close.

　　가: 큰 시장에 가면 좀 싸요?   *a*: Is it less expensive if you go to a big
                                  market?

　　나: 싸고 말고. 거저야.   *b*: Of course, it is less expensive. It's
                                  almost free.

28. 2 G2   -(이)라든가

- This auxiliary particle is attached to nouns to talk about lists of things. It is similar to
(이) 라든지.

예: 졸업식 선물로는 책이라든가   A book or a knickknack is a good
　　장식품 같은 것이 좋아요.   graduation gift.

　　손님이 오셨는데 차라든가   Some guests have arrived. Please bring
　　과일이라든가 뭐든지 좀 내 와.   out some tea or fruit or something.

　　틈을 내서 등산이라든가   Please take some time and go swimming
　　수영이라든가 좀 해 봐요.   or mountain climbing or something.

　　수재민을 위해서 돈이라든지   Let's send money or clothes or something
　　옷이라든지 보냅시다.   for the flood victims.

저 구석에는 탁자라든가
화분이라든가 그런 것을
놓았으면 좋겠다.

We need to put a table or a plant in that corner.

28.3 G1 -(으)ㄹ 만 하다

• This form is used with action verbs and indicates that something is worth doing. (See 21.2 G2)

예: 그 영화는 한 번쯤 볼 만 해.

That movie is worth seeing once.

민을 만 한 사람이니까
뭐든지 얘기해요.

He is trustworthy so you can say anything.

그 학생은 성실해서
추천할 만 합니다.

She is a diligent student so she is worth recommending.

그는 벌 받을 만 한 짓을 했어.

He did something worth being punished.

일이 많은데 우리가
도와줄 만 한 것이 없을까?

There is a lot to do. Is there anything that we can help with?

28.4 G1 -(ㄴ/는) 다지요?

• This is formed by combining the quote form -(ㄴ/는)다고 하다 and -지요. It is used when the speaker tries to confirm something he has heard. (See 3.2 G2, 14.3 G1)

예: 얼마 전에 두 사람은
헤어졌다지요?

The two of them broke up a while ago, right?

술 안주로 오징어를 많이 먹는다지요?	They eat a lot of dried cuttle fish when they drink, don't they?
아침마다 깨워야 일어난다지요?	You have to wake him up every morning, right?
여름이라서 청량 음료가 많이 팔린다지요?	Since it's summer cold (soft) drinks sell well, right?
연극 춘향전이 볼 만 하다지요?	The play *Chunhyangjon* is worth seeing, right?

28. 4 G2 -(으)로는

• This is a combination of the particle of capacity -(으)로 and the auxiliary particle of comparison or emphasis -는. It is attached to nouns. (see 5.1 G1)

예: 연대생들이 많이 가는 다방으로는 독수리다방이 제일이에요.	Among the tea houses that Yonsei students frequent the Toksuri Tea house is the best.
요즘 많이 읽히는 신문으로는 조선일보가 있습니다.	The Chosun Ilbo is one of the newspaper that is read a lot lately.
아이들이 잘 먹는 과일로는 사과, 바나나가 있어요.	Some of the fruits that children like to eat are bananas and apples.
쉽게 배울 수 있는 놀이로는 어떤 것이 있어요?	What are some games that are easy to learn?
내 힘으로 할 수 있는 일로는 번역밖에 없어요.	The only thing I can do on my own is translate.

28. 5 G1   -(으)면 -(으)ㄹ 수록

• This conjunctive ending is attached to the verb stem and indicates that as the degree of the action or condition stated in the first clause increases, the action or condition stated in the second clause will inversely or proportionately increase.

예: 공부는 하면 할수록 어려워져요.   The more I study the harder it gets.

돈을 벌면 벌수록 욕심이 생겨요.   The more money you earn the more greedy you get.

생각하면 할수록 화가 나지요?   The more you think about it the madder you get, right?

속도가 빠르면 빠를수록 시간이 덜 걸릴 겁니다.   The faster you go the less time it will take.

갈수록 태산이다.   The more I do the harder it gets.

유형 연습

28. 1 D1

(보기) 선 생 : 결혼하면 어떻게 하시겠어요? (부모님과 따로 살겠다)
　　　 학 생 : 결혼한다면 부모님과 따로 살겠어요.

1) 선 생 : 대학원 시험에 떨어지면 어떻게 하시겠어요? (취직을 하겠다)
　 학 생 : 대학원 시험에 떨어진다면 취직하겠어요.

2) 선 생 : 그리로 이사를 하면 어떻게 하시겠어요? (지하철을 이용하겠다)
　 학 생 : 그리로 이사를 한다면 지하철을 이용하겠어요.

3) 선 생 : 돈이 생기면 뭘 하시겠어요? (해외여행을 하겠다)
　 학 생 : 돈이 생긴다면 해외여행을 하겠어요.

4) 선 생 : 미국으로 돌아가면 뭘 하시겠어요? (제일 먼저 일자리를 알아 보겠다)
　 학 생 : 미국으로 돌아간다면 제일 먼저 일자리를 알아 보겠어요.

5) 선 생 : 사회를 맡으면 어떻게 하시겠어요? (우선 계획을 세우겠다)
　 학 생 : 사회를 맡는다면 우선 계획을 세우겠어요.

28. 1 D2

(보기) 선 생 : 한 선생님 댁은 버스로 가기가 불편하지요? (지하철
로 가다)

　　　　학 생 : 예, 한 선생님 댁은 버스로 가기도 불편하고 지하철
로 가기도 불편해요.

1) 선 생 : 어제 사고에 대해서 말하기가 싫지요? (듣다)
　　학 생 : 예, 어제 사고에 대해서 말하기도 싫고 듣기도 싫어요.

2) 선 생 : 장을 보기가 힘들지요? (상을 차리다)
　　학 생 : 예, 장을 보기도 힘들고 상을 차리기도 힘들어요.

3) 선 생 : 그 일에 대해서 사실대로 말하기가 어렵지요? (거짓말을 하
다)
　　학 생 : 예, 그 일에 대해서 사실대로 말하기도 어렵고 거짓말을 하
기도 어려워요.

4) 선 생 : 밖에 나가기가 귀찮지요? (우리 집에 오라고 하다)
　　학 생 : 예, 밖에 나가기도 귀찮고 우리 집에 오라고 하기도 귀찮아요.

5) 선 생 : 그 사람을 아는 척 하기가 어색하지요? (모르는 척 하다)
　　학 생 : 예, 그 사람을 아는 척 하기도 어색하고 모르는 척 하기도
어색해요.

28. 1 D3

(보기) 선 생 : 열심히 공부해요? (낙제하다)
　　　　학 생 : 예, 낙제하지 않도록 열심히 공부해요.

1) 선 생 : 꼼꼼하게 준비하셨어요? (다시 실수하다)
　　학 생 : 예, 다시 실수하지 않도록 꼼꼼하게 준비했어요.

2) 선 생 : 그 학생에게 잘 설명하셨어요? (실망하다)
   학 생 : 예, 실망하지 않도록 잘 설명했어요.

3) 선 생 : 아이들에게 똑같이 나누어 주었어요? (싸우다)
   학 생 : 예, 싸우지 않도록 똑같이 나누어 주었어요.

4) 선 생 : 안전 시설을 하셨어요? (사람들이 다치다)
   학 생 : 예, 사람들이 다치지 않도록 안전 시설을 했어요.

5) 선 생 : 늦게 들어간다고 어머니께 말씀드렸어요? (꾸중을 듣다)
   학 생 : 예, 꾸중을 듣지 않도록 늦게 들어간다고 어머니께 말씀드렸
        어요.

28. 2   D1

(보기) 선 생 : 아이들이 칭찬을 받으면 좋아합니다.
      학 생 : 아이들이 칭찬을 받으면 좋아하고 말고요.

1) 선 생 : 장마철에는 비가 많이 옵니다.
   학 생 : 장마철에는 비가 많이 오고 말고요.

2) 선 생 : 동대문시장이 백화점보다 쌉니다.
   학 생 : 동대문시장이 백화점보다 싸고 말고요.

3) 선 생 : 초대해 주시면 갑니다.
   학 생 : 초대해 주시면 가고 말고요.

4) 선 생 : 한국말을 잘 하면 그 회사에 취직할 수 있습니다.
   학 생 : 한국말을 잘 하면 그 회사에 취직할 수 있고 말고요.

5) 선 생 : 부탁을 하시면 언제든지 도와 드립니다.
   학 생 : 부탁을 하시면 언제든지 도와 드리고 말고요.

28.2 D2

(보기) 선 생 : 피로연에 참석하시겠어요? (참석하다)
　　　　학 생 : 참석하고 말고요.

1) 선 생 : 그 영화 배우가 예쁜가요? (예쁘다)
　 학 생 : 예쁘고 말고요.

2) 선 생 : 다른 색깔도 있습니까? (예 / 있다)
　 학 생 : 예, 있고 말고요.

3) 선 생 : 휴일이 되면 즐겁지요? (그렇다)
　 학 생 : 그렇고 말고요.

4) 선 생 : 이거 다른 걸로 바꿔 주실 수 있어요? (바꿔 드리다)
　 학 생 : 바꿔 드리고 말고요.

5) 선 생 : 도쿄에 가면 안내 좀 해 주시겠어요? (안내해 드리다)
　 학 생 : 안내해 드리고 말고요.

28.2 D3

(보기) 선 생 : 독서 / 운동 / 취미생활 좀 하세요?
　　　　학 생 : 독서라든가 운동이라든가 취미생활 좀 하세요.

1) 선 생 : 잡지 / 만화 / 읽을 것 좀 빌립시다.
　 학 생 : 잡지라든가 만화라든가 읽을 것 좀 빌립시다.

2) 선 생 : 옷 / 구두 / 마음에 드는 것이 있으면 사세요.
　 학 생 : 옷이라든가 구두라든가 마음에 드는 것이 있으면 사세요.

3) 선 생 : 비빔밥 / 냉면 / 한국음식을 준비하세요.
　 학 생 : 비빔밥이라든가 냉면이라든가 한국음식을 준비하세요.

4) 선 생 : 악세사리 / 화장품 / 가벼운 선물이 좋을 거에요.

   학 생 : 악세사리라든가 화장품이라든가 가벼운 선물이 좋을 거예요.

5) 선 생 : 술 / 커피 / 위에 나쁜 음식을 먹지 마세요.

   학 생 : 술이라든가 커피라든가 위에 나쁜 음식은 먹지 마세요.

28.2 D4

(보기) 선 생 : 이번 송년모임에서는 뭘 할까요? (노래 / 연극 / 재미있는 걸 합시다)

       학 생 : 노래라든가 연극이라든가 재미있는 걸 합시다.

1) 선 생 : 이번 여행은 어디로 갈까요? (설악산 / 계룡산 / 등산할 수 있는 곳이 좋겠어요)

   학 생 : 설악산이라든가 계룡산이라든가 등산할 수 있는 곳이 좋겠어요.

2) 선 생 : 어떤 직업을 갖고 싶어요? (의사 / 변호사 / 전문직업을 갖고 싶어요)

   학 생 : 의사라든가 변호사라든가 전문직업을 갖고 싶어요.

3) 선 생 : 외국 손님이 오는데 뭘 준비하면 좋겠어요? (불고기 / 갈비 / 외국 손님 입에 맞는 걸 준비합시다)

   학 생 : 불고기라든지 갈비라든지 외국 손님 입에 맞는 걸 준비합시다.

4) 선 생 : 사람이 많은데 무엇을 할까요? (야구 / 축구 / 많은 사람이 놀 수 있는 걸 합시다)

   학 생 : 야구라든지 축구라든지 많은 사람이 놀 수 있는 걸 합시다.

5) 선 생 : 생일날 어떤 선물을 사려고 해요? (지갑 / 만년필 / 오래 쓸 수 있는 걸 사려고 해요)

　학 생 : 지갑이라든지 만년필이라든지 오래 쓸 수 있는 걸 사려고 해요.

28.3 D1

(보기) 선 생 : 좀 도와 주세요. (결과가 좋을 지 모르겠어요)

　　　학 생 : 도와 드리는 건 어렵지 않지만 결과가 좋을지 모르겠어요.

1) 선 생 : 그분 전화번호 좀 알려 주세요. (지금 집에 계실지 모르겠어요)

　학 생 : 알려 드리는 건 어렵지 않지만 지금 집에 계실지 모르겠어요.

2) 선 생 : 이 책 좀 빌려 주세요. (내용이 마음에 들지 모르겠어요)

　학 생 : 빌려 드리는 건 어렵지 않지만 내용이 마음에 들지 모르겠어요.

3) 선 생 : 이것을 번역하세요. (정확하게 안 되면 어떻게 하지요?)

　학 생 : 번역하는 건 어렵지 않지만 정확하게 안 되면 어떻게 하지요?

4) 선 생 : 이 일을 할 수 있어요? (시간이 꽤 걸릴 거예요)

　학 생 : 하는 건 어렵지 않지만 시간이 꽤 걸릴 거예요.

5) 선 생 : 이 선생님 댁에 같이 놀러 갑시다. (이 선생님께 폐가 될까 봐 걱정이 돼요)

　학 생 : 놀러 가는 건 어렵지 않지만 이 선생님께 폐가 될까 봐 걱정이 돼요.

28.3 D2

(보기) 선 생 : 초등학생이 봅니다 / 책이 있습니까?
　　　 학 생 : 초등학생이 볼 만한 책이 있습니까?

1) 선 생 : 요즘에 봅니다 / 영화가 뭐예요?
　 학 생 : 요즘에 볼 만한 영화가 뭐예요?

2) 선 생 : 그곳에서 사 옵니다 / 기념품이 있습니까?
　 학 생 : 그곳에서 사 올 만한 기념품이 있습니까?

3) 선 생 : 외국인이 읽습니다 / 잡지가 있습니까?
　 학 생 : 외국인이 읽을 만한 잡지가 있습니까?

4) 선 생 : 아이들이 가지고 놉니다 / 장난감이 있습니까?
　 학 생 : 아이들이 가지고 놀 만한 장난감이 있습니까?

5) 선 생 : 심심할 때 듣습니다 / 좋은 음악이 있습니까?
　 학 생 : 심심할 때 들을 만한 좋은 음악이 있습니까?

28.3 D3

(보기) 선 생 : 어떤 학생을 소개해 드릴까요? (이 일을 하다)
　　　 학 생 : 이 일을 할 만한 학생을 소개해 주세요.

1) 선 생 : 어떤 모자를 보여 드릴까요? (여름에 해변에서 쓰다)
　 학 생 : 여름에 해변에서 쓸 만한 모자를 보여 주세요.

2) 선 생 : 어떤 사람을 추천해 드릴까요? (그 일을 해결하다)
　 학 생 : 그 일을 해결할 만한 사람을 추천해 주세요.

3) 선 생 : 어떤 음식을 준비할까요? (간단하게 먹다)
　 학 생 : 간단하게 먹을 만한 음식을 준비하세요.

4) 선 생 : 이 책은 어떤 책입니까? (4급 학생이 읽다)
   학 생 : 4급 학생이 읽을 만한 책입니다.

5) 선 생 : 어떤 집을 찾고 계세요? (식구 4명이 살다)
   학 생 : 식구 4명이 살 만한 집을 찾고 있어요.

28.4 D1

(보기) 선 생 : 요즘 독신자가 점점 늘어납니다.
       학 생 : 요즘 독신자가 점점 늘어난다지요?

1) 선 생 : 한국 사람들은 설날에 세배를 합니다.
   학 생 : 한국 사람들은 설날에 세배를 한다지요?

2) 선 생 : 이곳에 큰 공장을 짓습니다.
   학 생 : 이곳에 큰 공장을 짓는다지요?

3) 선 생 : 눈이 많이 와서 길이 아주 미끄럽습니다.
   학 생 : 눈이 많이 와서 길이 아주 미끄럽다지요?

4) 선 생 : 요즘은 짧은 머리가 유행입니다.
   학 생 : 요즘은 짧은 머리가 유행이라지요?

5) 선 생 : 그분이 지난 달에 결혼했습니다.
   학 생 : 그분이 지난 달에 결혼했다지요?

28.4 D2

(보기) 선 생 : 요즘 휘발유 값이 많이 올랐어요. (소형차가 많이 팔
               리다)
       학 생 : 그래서 소형차가 많이 팔린다지요?

1) 선 생 : 추석 때는 고속도로에 자동차가 너무 많아요. (많은 사람들이
　　　　　　기차를 이용하다)
　　학 생 : 그래서 많은 사람들이 기차를 이용한다지요?

2) 선 생 : 다음 주부터 시험이 있어요. (도서관에 빈 자리가 없다)
　　학 생 : 그래서 도서관에 빈 자리가 없다지요?

3) 선 생 : 그 여학생은 아주 예뻐요. (남학생들에게 인기가 좋다)
　　학 생 : 그래서 남학생들에게 인기가 좋다지요?

4) 선 생 : 그 영화가 아주 재미있대요. (사람들이 아침부터 극장 앞에
　　　　　　줄을 서 있다)
　　학 생 : 그래서 사람들이 아침부터 극장 앞에 줄을 서 있다지요?

5) 선 생 : 그 식당은 음식이 아주 맛있어요. (점심시간에는 만원이다)
　　학 생 : 그래서 점심시간에는 만원이라지요?

28.4 D3

(보기) 선 생 : 관광지 / 제주도가 제일 유명합니다.
　　　　학 생 : 관광지로는 제주도가 제일 유명합니다.

1) 선 생 : 신랑감 / 성격이 원만한 남자가 제일 좋습니다.
　　학 생 : 신랑감으로는 성격이 원만한 남자가 제일 좋습니다.

2) 선 생 : 생일 선물 / 어떤 것이 좋을까요?
　　학 생 : 생일 선물로는 어떤 것이 좋을까요?

3) 선 생 : 여성잡지 / 어느 것이 잘 팔립니까?
　　학 생 : 여성잡지로는 어느 것이 잘 팔립니까?

4) 선 생 : 혼수감 / 이 물건이 최고라고 생각합니다.
　　학 생 : 혼수감으로는 이 물건이 최고라고 생각합니다.

5) 선 생 : 한국음식 / 불고기와 김치가 잘 알려져 있습니다.
   학 생 : 한국음식으로는 불고기와 김치가 잘 알려져 있습니다.

28.4 D4

(보기) 선 생 : 실내운동으로는 무엇이 좋습니까? (수영과 볼링 등)
      학 생 : 실내운동으로는 수영과 볼링 등이 좋습니다.

1) 선 생 : 후식으로는 무엇이 있습니까? (과일과 과자 등)
   학 생 : 후식으로는 과일과 과자 등이 있습니다.

2) 선 생 : 젊은이들이 많이 찾는 곳으로는 어디가 있습니까? (대학로와
       이대앞 등)
   학 생 : 젊은이들이 많이 찾는 곳으로는 대학로와 이대앞 등이 있습
       니다.

3) 선 생 : 이번 공연에서 볼 만한 것으로는 무엇이 있습니까? (부채춤
       과 판소리 등)
   학 생 : 이번 공연에서 볼 만한 것으로는 부채춤과 판소리 등이 있
       습니다.

4) 선 생 : 입학 선물로는 어떤 것이 좋습니까? (기념이 될 만한 것)
   학 생 : 입학 선물로는 기념이 될 만한 것이 좋습니다.

5) 선 생 : 외국어를 배우는 곳으로는 어느 학교가 인기가 있습니까?
       (연세대학교)
   학 생 : 외국어를 배우는 곳으로는 연세대학교가 인기가 있습니다.

28.5 D1

(보기) 선 생 : 일을 미룹니다 / 하기가 싫어집니다.
　　　　학 생 : 일을 미루면 미룰수록 하기가 싫어집니다.

1) 선 생 : 이 꽃은 봅니다 / 예쁘군요.
　　학 생 : 이 꽃은 보면 볼수록 예쁘군요.

2) 선 생 : 많습니다 / 좋은 것이 뭘까요?
　　학 생 : 많으면 많을수록 좋은 것이 뭘까요?

3) 선 생 : 급하게 일을 합니다 / 실수가 많아집니다.
　　학 생 : 급하게 일을 하면 할수록 실수가 많아집니다.

4) 선 생 : 자동차가 증가합니다 / 대기오염이 심해집니다.
　　학 생 : 자동차가 증가하면 증가할수록 대기오염이 심해집니다.

5) 선 생 : 그 음식은 먹습니다 / 더 먹고 싶어집니다.
　　학 생 : 그 음식은 먹으면 먹을수록 더 먹고 싶어집니다.

28.5 D2

(보기) 선 생 : 이 집에서 살면 살수록 정이 들지요?
　　　　학 생 : 예, 이 집에서 살면 살수록 정이 들어요.

1) 선 생 : 시간이 지나면 지날수록 더 생각이 나지요?
　　학 생 : 예, 시간이 지나면 지날수록 더 생각이 나요.

2) 선 생 : 그 사람은 만나면 만날수록 호감이 가지요?
　　학 생 : 예, 그 사람은 만나면 만날수록 호감이 가요.

3) 선 생 : 외국어는 배우면 배울수록 점점 어려워지지요?
　　학 생 : 예, 외국어는 배우면 배울수록 점점 어려워져요.

4) 선 생 : 그 물건은 보면 볼수록 탐이 나지요?
   학 생 : 예, 그 물건은 보면 볼수록 탐이 나요.

5) 선 생 : 돈을 벌면 벌수록 더 많이 쓰게 되지요?
   학 생 : 예, 돈을 벌면 벌수록 더 많이 쓰게 돼요.

28.5 D3

(보기) 선 생 : 영어는 문법구조가 어때요? (한국어)
       학 생 : 영어는 한국어하고 문법구조가 달라요.

1) 선 생 : 그 사람은 성격이 어때요? (형제들)
   학 생 : 그 사람은 형제들하고 성격이 달라요.

2) 선 생 : 미국은 결혼 풍습이 어때요? (한국)
   학 생 : 미국은 한국하고 결혼 풍습이 달라요.

3) 선 생 : 럭비는 규칙이 어때요? (미식축구)
   학 생 : 럭비는 미식축구하고 규칙이 달라요.

4) 선 생 : 그 음식점은 분위기가 어때요? (보통 음식점)
   학 생 : 그 음식점은 보통 음식점하고 분위기가 달라요.

5) 선 생 : 초등학교는 수업방식이 어때요? (중고등학교)
   학 생 : 초등학교는 중고등학교하고 수업방식이 달라요.

제 29과

실수와 사과

1

    사람들은 누구나 실수를 한다. 실수는 대개 부주의, 착각, 오해, 건 망증 때문에 생기는 경우가 많다. 어떤 때는 사고방식이 다르고 생활 습관이 달라서 실수를 하게 되는 때도 있다.

    우리는 가끔 실수로 버스나 지하철을 잘못 타고, 모르는 사람을 아 는 사람인 줄 알고 반갑게 인사를 하거나, 중요한 약속을 깜빡 잊고 쩔쩔매는 일들을 경험한다.

    뭐니뭐니해도 실수 중에서 제일 많은 실수는 말 실수일 것이다. 나 는 재미있는 농담을 했는데 상대방은 모욕으로 생각하고, 칭찬을 했다 고 생각하는데 기분 나빠하는 일도 있다.

    사람들은 누구나 실수를 할 수 있다. 알고 하는 실수도 있고 모르고

실수	mistake	사과	apology	부주의	negligence
착각	getting the wrong idea	쩔쩔매다	to be bewildered	상대방	the other party
모욕	humiliation	칭찬하다	to praise		

하는 실수도 있다. 우리는 실수를 통해서 성숙해진다고 해도 과언이
아니다. 문제는 실수가 아니고 그것을 반성하고 사과하는 태도이다.

"제가 실수를 했군요. 죄송합니다."

"미안합니다. 용서하세요."

"제가 사과할게요."

실수를 했을 때 곧 이런 말로 사과를 하는 사람이 있다. 그러나 큰
실수를 하고도 사과는 커녕 오히려 화를 내거나 모른 척하는 이들도
있다.

실수를 하고 몹시 미안해 하는 사람을 보고도 마음이 풀리지 않는
사람이 있을까?

통해서	through	성숙하다	to be mature	과언	over statement
반성하다	to reconsider	오히려	rather		

②

존 슨 : 우리 동네 책방 아저씨는 나만 보면 어디 가느냐고 해요.

은 영 : 미장원 옆에 있는 책방 말입니까?

존 슨 : 예, 그런 말을 들으면 기분이 안 좋아요. 그래서 오늘은 제
         발 그런 질문은 하시지 말라고 한 마디 해 주었어요.

은 영 : 아니 그렇게 심한 말씀을 하시다니! 그냥 가벼운 인사니까
         신경쓰지 않아도 되는 말인데……

존 슨 : 이거 큰일 났네요. 난 내 사생활에 간섭한다고 생각했어요.

은 영 : 다음에 만나시면 몰라서 그랬다고 사과하세요.

사생활   private life   간섭하다   to interfere

3

존   슨 : 지난 번 제 실수에 대해서는 뭐라고 사과해야 할지 모르

겠습니다.

동네 사람 : 실수요? 무슨 실수 말인가요?

존   슨 : 바로 사과한다는 것이 이렇게 늦어져서 죄송합니다.

동네 사람 : 뭘 잘못 아신 것 같군요. 전 사과 받을 일이 없는데요.

존   슨 : 아, 미안합니다. 얼굴이 비슷해서 착각을 했군요. 전 책

방에 계시는 그 아저씨인 줄 알았어요.

동네 사람 : 괜찮습니다. 그럴 수도 있지요, 뭐.

4

존   슨 : 배가 고프면 뭐든지 시켜 먹으세요.

책방주인 : 전 이 안주만 먹어도 충분하니까 시장하시면 죤슨 씨나

시켜서 잡수십시오.

존   슨 : 존대말이 서툴러서 또 실례를 했군요. 죄송합니다.

책방주인 : 외국 사람이 남의 나라 말을 경우에 맞게 잘 쓰기란 여간
　　　　　어려운 일이 아닙니다.

존   슨 : 이렇게 이해해 주시니 정말 고맙습니다.

책방주인 : 처음부터 잘 할 수야 있나요? 차차 나아질테니까 너무 실
　　　　　망하지 마십시오.

존대말   elevated speech　　　서투르다   to be unskillful　　　실망하다   to be disappointed

5

책방주인 : 어제 축하 파티는 재미있었습니까?

존   슨 : 예. 아주 즐거웠습니다. 그런데 한 가지 여쭈어 볼 게 있어요.

책방주인 : 말씀하십시오. 뭔데요?

존   슨 : 제가 친구 어머니보고 "부인, 초대해 주셔서 감사합니다"
　　　　　라고 하니까 거기 있던 사람들이 막 웃었어요. 왜지요?

책방주인 : 아이구, '미세스 박'을 그대로 번역했군요. 아무리 외국사
　　　　　람일지라도 친구의 어머니를 그렇게 부르면 이상해요. 손위
　　　　　형제들한테도 마찬가지예요.

존   슨 : 그래요? 아이구, 이거 정말 큰 실수를 했군요. 쥐구멍이라
　　　　　도 있었으면 좋겠네요.

여쭙다   to ask　　　　　　　손위   elder　　　　　　　마찬가지다   to be the same

Lesson 29

Mistakes and Apologies

1

Everybody makes mistakes. Mistakes usually happen because of carelessness, not hearing or seeing correctly, misunderstanding, or forgetfulness. There are also times when mistakes are made because of different ways of thinking or because of different customs.

All of us experience things like taking the wrong bus or subway, mistaking a stranger for someone we know and greeting them, forgetting an important appointment and running around.

Probably most of the mistakes we make are in what we say. At times I have told a funny joke and the person I told it to take offense or I thought I have given someone a compliment but it hurt their feelings.

Anyone can make mistakes. Some mistakes we know we made and some we don't know about. It would not be an exaggeration to say that we grow up through our mistakes. The problem is not the mistake but our attitude in reflecting upon our mistakes and apologizing.

"Oh, I made a mistake. I'm sorry."

"I'm sorry. Please forgive me."

"I should apologize."

There are some people who use these phrases to apologize when they make mistakes. But there are some people who make big mistakes and rather than apologizing they get mad or just pretend they didn't do it.

Is there anyone who can't forgive someone who, even though they made a mistake, is truly apologetic?

2

Johnson   : Whenever the man at the bookstore in our area sees me he always asks where I am going.

Eun-young : Do you mean the book store next to the beauty parlor?

Johnson   : Yeah, when I hear him ask that I feel bad. So today I just asked him not to ask me that.

Eun-young : No! You said something that harsh? That is just a casual greeting, nothing you should get upset about.

Johnson   : Oh my, I have made a big mistake. I thought he was prying into my personal life.

Eun-young : Next time you see him apologize and tell him you didn't know.

3

Johnson   : I don't know what to say to apologize to you for the mistake I made the other day.

Neighbor : Mistake? What mistake are you talking about.

Johnson   : Sorry my apology is so late. I should have apologized right away.

Neighbor : I think you have made a mistake. There isn't anything you should apologize to me for.

Johnson   : Oh I'm sorry. I thought that you were the man who works at the bookstore. You look like him. Your faces are similar.

Neighbor : That's OK. That kind of thing happens.

4

Johnson   : If you are hungry order anything you want.

Book store owner : I'll just eat some of these hors d'oeuvre. If you are hungry order something and eating.

Johnson   : Oh, I'm so poor with polite language I blew it again. I'm sorry.

Book store owner	:	It is extremely hard for a foreigner to speak another language properly.
Johnson	:	Thank you for being so understanding.
Book store owner	:	You can't be good from the start. You'll get better so don't get discouraged.

5

Book store owner	:	Was the party fun yesterday?
Johnson	:	Yeah, I had a real good time. But there is something I would like to ask you.
Book store owner	:	Go ahead. What is it?
Johnson	:	Everyone laughed when I said "Madam, thank you for inviting me." to the mother of my friend. Why?
Book store owner	:	Oh my! you translated 'Mrs. Park' literally! Even if you are a foreigner, calling the parents of your friend by their names is strange to us. It is the same for people who are older than you.
Johnson	:	Really? Then I made a big mistake. I wish there was a mouse hole to crawl into.

문 법

29. 1 G1 -커녕

• This particle is attached to a noun and indicates that not only is the action associated with that noun impossible but that even the action associated with the following noun is impossible. - 도 is usually attached to the second word and -은/는 can be attached to the first word to add emphasis.

예: 아파서 밥은 커녕 죽도 못 먹어요.	I'm so sick that I can't even eat mush let alone rice.
비는 커녕 구름 한 점 없구나.	Not only isn't it raining but there isn't even a cloud in the sky.
인사는 커녕 쳐다보지도 않는다.	Not only doesn't he greet me but he doesn't even look at me.
나를 돕기는 커녕 제 할 일도 못 해요.	Not only doesn't he help me but he doesn't even do his own work.
올해는 열매는 커녕 꽃도 안 피었습니다.	This year not only wasn't there any fruit but the flowers didn't even bloom.

29. 1 G2 -고도

• This form is attached to a verb and indicates that even though the action in the first clause took place that fact was not recognized and the action stated in the second clause took place.

예: 부르는 소리를 듣고도 대답을
  안 하니?

When you heard me calling why didn't you answer?

아까 먹고도 또 먹으려고
해요.

Even though he just ate he wants to eat again.

영수는 잠을 자고도 피곤해 해요.

Youngsu is tired even thought he just slept.

선물을 받고도 인사를 못
했어요.

I got the present but I wasn't able to thank him for it

책을 읽고도 무슨 내용인지
모른대요.

He said he read book but he doesn't know what it was about.

29. 2 G1 -(ㄴ/는)다니

• This is an abbreviation of the quote form -(ㄴ/는)다고 하니. The speaker quotes something he/she has heard or experienced in the first clause and adds a related explanation in the second clause. It is also used when there is a causal relationship between the first and second clause.

• It can be used when the speaker asks back expressing surprise or doubt about something someone has heard or an already accomplished fact.

예: 맛이 있다니 한 번 먹어 봅시다.

They say that it's tasty so let's try it.

할인 대매출을 한다니 나가 보자.

They are having a big sale so let's go.

은행 문이 닫혔다니 돈을 어디서
바꾸지?

They say the bank is closed so where am I supposed to change my money?

그 사람이 일등을 했다니 그게
정말이에요?

He was first place? Is that true?

실력있는 사람이 취직 시험에 떨어지다니 그게 웬일이에요?	Such a talented person flunked the employment test? What's going on?
약속을 잊어버리다니….	You forgot the appointment!? (It was so important!)

• The other quote forms are -(이)라니, -(느/으)냐니, -자니, -(으)라니. Depending upon the type of the quoted sentence, different forms are used as follows: -(이)라니, -(느/으)냐니, -자니, -(으)라니.

29.3 G1 -(ㄴ/는)다는 것이

• When attached to an action verb this shows that the subject had planned to do something but things didn't go according to plan.

예: 일을 돕는다는 것이 오히려 방해가 되었어요.	I was trying to help but instead I got in the way.
설탕을 친다는 것이 소금을 쳤어요.	I thought I was putting in sugar but instead I put in salt.
한 번 초대한다는 것이 바빠서 못 했지요.	I was going to invite them but I was so busy I didn't.
쉽게 설명한다는 것이 잘못해서 어려워졌습니다.	I wanted to give a simple explanation but instead I blew it and just made it harder.
비밀로 한다는 것이 모든 사람에게 알려졌나 봐요.	He was going to keep it secret but it looks like everyone knows.

29.3 G2 -(으)ㄹ 수도 있다

• This form attached to a verb shows that it is possible a certain thing will happen in the future.

예: 너무 긴장하면 말을 못 할
수도 있어요.

If you're too nervous sometimes you can't even speak.

수술하면 50프로 볼 수도
있대요.

If they operate they say he might even be able to see 50 percent.

얘기하다가 싸울 수도 있는
거예요.

If they talk to each other they could even get in a fight.

어떤 때는 제 시간에 못 올
수도 있잖아요.

It is possible that sometimes I won't even be able to come on time.

시합에서 이길 수도 있고
질 수도 있어요.

In a match you can win and you can lose.

29.4 G1 -(이)란

• This is a abbreviation of -(이)라고 하는 것은. It emphasizes the subject and in the predicate of the sentence a definition or explanation of the subject is given.

• This can also be an abbreviation for the modifier -(이)라고 하는 and is used to modify the noun that follows.

예: 세배란 설날에 하는 절을
말합니다.

"Saebae" refers to the bowing ritual that you do on New Year's Day.

사랑이란 서로 이해하고 아껴
주는 것이다.

"Love" means understanding and taking care of each other.

돈이란 있으면 편한 거예요.	"Money" is something that is convenient to have.
직장 생활이란 그리 쉬운 것만은 아니야.	Life at work is not always easy.
선생님이 생각하는 행복이란 뭐예요?	What do you think "happiness" is?

29. 4 G2   -기란

• This form is attached to action verbs and is a short way of saying "doing that kind of thing". The phrase ending with this form is used as the subject of the sentence. Because this has the effect of highlighting or solidifying the action being referred to the predicate is usually a strong expression.

예: 외국어를 배우기란 쉬운 일이 아니야.	Learning a foreign language isn't easy.
돈을 모으기란 여간 어렵지 않아요.	Gathering money is extremely difficult.
남에게 양보하기란 그리 쉽지 않구나!	Yielding to someone isn't so easy!
부모님을 모시기란 힘든 일입니다.	It is hard to take care of one's parents.
대학에 들어가기란 하늘의 별 따기야.	Getting into college is like plucking a star from the sky.

29.4 G3 -야

• This auxiliary particle is attached to nouns, adverbs, other particles, and converted endings and shows emphasis.

예: 너야 그 사실을 알고 있겠지? YOU know about it, right?

비밀이야 지켜야지요. We have to keep a SECRET.

많이야 줄 수 없지만 조금은 I can't give you A LOT but I can give you
줄 수 있어요. a little.

나쁘다는 말을 들었는데 기분이 He's just been told he did something
좋기야 하겠어요? wrong and he's supposed to be in a GOOD
mood?

친구끼리 싸울 수야 없지요. Friends can't FIGHT!

29.5 G1 -보고

• This particle is attached to a noun and marks that noun as an object. It is used with verbs like 말하다, 묻다, 욕하다, 웃다 (to say, to ask, to curse, to laugh).

예: 나보고 잠꾸러기라고 해요. They call me a sleepyhead.

모르는 게 나오면 누구보고 Who do you ask if something comes up
물어 봐요? you don't know?

남편보고 이름을 부르나 봐요. It looks like she calls her husband by name.

그 사람보고 이리 오라고 하세요. Please tell him to come here.

아가씨보고 아주머니라고 하면 Young women hate it if you call them
싫어해요. "Ajumoni".

29.5 G2 -(으)ㄹ지라도

• This is attached to a verb and means that even if the fact stated in the first clause is imagined or recognized the fact stated in the second clause will occur.

예: 날씨가 안 좋을지라도 여행은 떠납시다.	Let's go on a trip even if the weather isn't good.
물가가 오를지라도 생활 필수품은 사야 해요.	You have to buy necessities even if the prices go up.
혹시 이 물건이 마음에 안 들지라도 그냥 쓰세요.	Even if you don't like it just use it anyway.
아무리 부모가 반대할지라도 나는 그 사람과 결혼할 거예요.	No matter how much my parents oppose it, I'm going to marry him anyway.
모두가 그만둘지라도 우리는 끝까지 하겠어요.	Even if everyone else quits, we will stick with it to the end.

유형 연습

29. 1 D1

(보기) 선 생 : 만 원 / 천 원도 없습니다.
　　　 학 생 : 만 원은 커녕 천 원도 없습니다.

1) 선 생 : 점심 값 / 버스비도 없습니다.
　 학 생 : 점심 값은 커녕 버스비도 없습니다.

2) 선 생 : 세수할 물 / 마실 물도 없습니다.
　 학 생 : 세수할 물은 커녕 마실 물도 없습니다.

3) 선 생 : 칭찬 / 오히려 꾸중을 들었습니다.
　 학 생 : 칭찬은 커녕 오히려 꾸중을 들었습니다.

4) 선 생 : 환영 / 오히려 냉대만 받았습니다.
　 학 생 : 환영은 커녕 오히려 냉대만 받았습니다.

5) 선 생 : 도와 주기 / 오히려 방해만 했습니다.
　 학 생 : 도와 주기는 커녕 오히려 방해만 했습니다.

29. 1 D2

(보기) 선 생 : 100명쯤 모였어요? (50명도 안 모였다)
　　　 학 생 : 100명은 커녕 50명도 안 모였어요.

1) 선 생 : 아침을 먹었어요? (어제 저녁도 먹지 못했다)
　 학 생 : 아침은 커녕 어제 저녁도 먹지 못했어요.

2) 선 생 : 좌석표를 샀어요? (입석표도 구할 수 없었다)
   학 생 : 좌석표는 커녕 입석표도 구할 수 없었어요.

3) 선 생 : 그 친구와 화해했어요? (오히려 사이가 더 나빠졌다)
   학 생 : 화해는 커녕 오히려 사이가 더 나빠졌어요.

4) 선 생 : 장학금을 받았어요? (오히려 낙제할 뻔했다)
   학 생 : 장학금은 커녕 오히려 낙제할 뻔했어요.

5) 선 생 : 그 사람은 언제쯤 승진해요? (오히려 해고를 당했다)
   학 생 : 승진은 커녕 오히려 해고를 당했어요.

29. 1 D3

(보기) 선 생 : 잘못을 합니다 / 사과를 하지 않습니다.
       학 생 : 잘못을 하고도 사과를 하지 않습니다.

1) 선 생 : 전화를 받습니다 / 대답을 안 했습니다.
   학 생 : 전화를 받고도 대답을 안 했습니다.

2) 선 생 : 일찍 일어납니다 / 학교에 늦었습니다.
   학 생 : 일찍 일어나고도 학교에 늦었습니다.

3) 선 생 : 길에서 선생님을 봅니다 / 인사를 하지 않습니다.
   학 생 : 길에서 선생님을 보고도 인사를 하지 않습니다.

4) 선 생 : 나쁜 짓을 합니다 / 반성을 하지 않습니다.
   학 생 : 나쁜 짓을 하고도 반성을 하지 않습니다.

5) 선 생 : 야단을 맞습니다 / 그 버릇을 고치지 않습니다.
   학 생 : 야단을 맞고도 그 버릇을 고치지 않습니다.

29.1 D4

(보기) 선 생 : 친구한테 답장을 썼어요? (편지를 받다)
　　　학 생 : 아니오, 편지를 받고도 답장을 쓰지 못했어요.

1) 선 생 : 잘 쉬셨어요? (일을 다 끝내다)
　　학 생 : 아니오, 일을 다 끝내고도 잘 쉬지 못했어요.

2) 선 생 : 새 컴퓨터를 써 보셨어요? (한 달 전에 사다)
　　학 생 : 아니오, 한 달 전에 사고도 새 컴퓨터를 써 보지 못했어요.

3) 선 생 : 등록하셨어요? (합격하다)
　　학 생 : 아니오, 합격하고도 등록하지 못했어요.

4) 선 생 : 숙제를 가져 오셨어요? (밤새도록 하다)
　　학 생 : 아니오, 밤새도록 하고도 숙제를 가져 오지 못했어요.

5) 선 생 : 그 이야기를 전하셨어요? (길에서 만나다)
　　학 생 : 아니오, 길에서 만나고도 그 이야기를 전하지 못했어요.

29.2 D1

(보기) 선 생 : 그 사람이 그런 행동을 합니다 / 믿을 수가 없습니다.
　　　학 생 : 그 사람이 그런 행동을 하다니 믿을 수가 없습니다.

1) 선 생 : 이렇게 쉬운 단어를 모릅니다 / 공부 시간에 뭘 했어요?
　　학 생 : 이렇게 쉬운 단어를 모르다니 공부 시간에 뭘 했어요?

2) 선 생 : 그 사람에게 그런 재주가 있습니다 / 정말 놀랍군요.
　　학 생 : 그 사람에게 그런 재주가 있다니 정말 놀랍군요.

3) 선 생 : 백화점 물건이 시장보다 쌉니다 / 이상하군요.
　　학 생 : 백화점 물건이 시장보다 싸다니 이상하군요.

4) 선 생 : 그렇게 꼼꼼한 사람이 실수를 합니다 / 웬일인지 모르겠습니다.
   학 생 : 그렇게 꼼꼼한 사람이 실수를 하다니 웬일인지 모르겠습니다.

5) 선 생 : 그 아이가 벌써 국민학생입니다 / 믿지 못하겠습니다.
   학 생 : 그 아이가 벌써 국민학생이라니 믿지 못하겠습니다.

29.2 D2

(보기) 선 생 : 그 학생이 낙제를 했어요. (걱정이 되는군요)
       학 생 : 그 학생이 낙제를 했다니 걱정이 되는군요.

1) 선 생 : 지갑을 잃어버렸어요. (큰일이군요)
   학 생 : 지갑을 잃어버렸다니 큰일이군요.

2) 선 생 : 남편이 승진을 했어요. (정말 기분이 좋겠군요)
   학 생 : 남편이 승진을 했다니 정말 기분이 좋겠군요.

3) 선 생 : 두 사람이 이혼을 했어요. (가슴이 아프군요)
   학 생 : 두 사람이 이혼을 했다니 가슴이 아프군요.

4) 선 생 : 그분이 교통사고를 당했어요. (참 안 됐군요)
   학 생 : 그분이 교통사고를 당했다니 참 안 됐군요.

5) 선 생 : 그런 게으름뱅이가 숙제를 해 왔어요. (해가 서쪽에서 뜨겠군요)
   학 생 : 그런 게으름뱅이가 숙제를 해 왔다니 해가 서쪽에서 뜨겠군요.

29.2 D3

(보기) 선 생 : 이 일을 빨리 끝내야 돼요? (시간이 넉넉하다 / 천천히
              하다)
       학 생 : 시간이 넉넉하니까 천천히 해도 돼요.

1) 선 생 : 이걸 다 먹어도 괜찮아요? (음식이 충분하다 / 다 먹다)
   학 생 : 음식이 충분하니까 다 먹어도 돼요.

2) 선 생 : 이 책을 언제까지 돌려 드릴까요? (나는 필요없다 / 가지다)
   학 생 : 나는 필요없으니까 가져도 돼요.

3) 선 생 : 먼저 퇴근해도 돼요? (별 일이 없다 / 먼저 가다)
   학 생 : 별 일이 없으니까 먼저 가도 돼요.

4) 선 생 : 이 서류를 언제까지 제출해야 돼요? (급하지 않다 / 천천히
           제출하다)
   학 생 : 급하지 않으니까 천천히 제출하셔도 돼요.

5) 선 생 : 이 옷을 꼭 세탁소에 맡겨야 돼요? (실크가 아니다 / 집에서
           물빨래하다)
   학 생 : 실크가 아니니까 집에서 물빨래해도 돼요.

29.3 D1

(보기) 선 생 : 일찍 옵니다 / 차가 밀려서 늦었습니다.
        학 생 : 일찍 온다는 것이 차가 밀려서 늦었습니다.

1) 선 생 : 숙제를 합니다 / 조카들이 와서 놀았습니다.
   학 생 : 숙제를 한다는 것이 조카들이 와서 놀았습니다.

2) 선 생 : 책을 읽습니다 / 피곤해서 그냥 잤습니다.
   학 생 : 책을 읽는다는 것이 피곤해서 그냥 잤습니다.

3) 선 생 : 그분과 인사를 나눕니다 / 기회가 없어서 못 했습니다.
   학 생 : 그분과 인사를 나눈다는 것이 기회가 없어서 못 했습니다.

4) 선 생 : 아침운동을 합니다 / 늦잠을 자서 할 수 없었습니다.
   학 생 : 아침운동을 한다는 것이 늦잠을 자서 할 수 없었습니다.

5) 선 생 : 김 선생님께 전화를 겁니다 / 깜빡 잊고 못 했습니다.
   학 생 : 김 선생님께 전화를 건다는 것이 깜빡 잊고 못 했습니다.

29.3 D2

(보기) 선 생 : 기차표를 예매하셨어요? (틈이 없어서 못 했다)
       학 생 : 기차표를 예매한다는 것이 틈이 없어서 못 했습니다.

1) 선 생 : 친구에게 답장을 쓰셨어요? (바빠서 아직 못 썼다)
   학 생 : 친구에게 답장을 쓴다는 것이 바빠서 아직 못 썼어요.

2) 선 생 : 자동차를 고치셨어요? (부품이 없어서 못 고쳤다)
   학 생 : 자동차를 고친다는 것이 부품이 없어서 못 고쳤어요.

3) 선 생 : 친구를 도와 주셨어요? (일이 서툴러서 방해만 했다)
   학 생 : 친구를 도와 준다는 것이 일이 서툴러서 방해만 했어요.

4) 선 생 : 은행에서 돈을 찾았어요? (은행 문이 닫혀서 친구에게서 빌렸다)
   학 생 : 은행에서 돈을 찾는다는 것이 은행 문이 닫혀서 친구에게서
          빌렸어요.

5) 선 생 : 조 선생님에게 고맙다고 인사를 했어요? (만날 수 없어서 못
          했다)
   학 생 : 조 선생님에게 고맙다고 인사를 한다는 것이 만날 수 없어서
          못했어요.

29.3 D3

(보기) 선 생 : 잘못하면 오해를 받습니다.
       학 생 : 잘못하면 오해를 받을 수도 있습니다.

1) 선 생 : 지금 가면 그분을 못 만납니다.
　　학 생 : 지금 가면 그분을 못 만날 수도 있습니다.

2) 선 생 : 늦게 가면 자리가 없습니다.
　　학 생 : 늦게 가면 자리가 없을 수도 있습니다.

3) 선 생 : 비가 오면 신문배달이 늦습니다.
　　학 생 : 비가 오면 신문배달이 늦을 수도 있습니다.

4) 선 생 : 주의를 안 하면 실수를 합니다.
　　학 생 : 주의를 안 하면 실수를 할 수도 있습니다.

5) 선 생 : 농담이 지나치면 다른 사람을 기분 나쁘게 만듭니다.
　　학 생 : 농담이 지나치면 다른 사람을 기분 나쁘게 만들 수도 있습니다.

29.3 D4

　(보기) 선 생 : 존슨 씨는 이 일을 이해하지 못해요.
　　　　　　　　　(문화가 다르니까 이해하지 못하다)
　　　　　학 생 : 문화가 다르니까 이해하지 못할 수도 있어요.

1) 선 생 : 할 일이 너무 많아서 약속을 지키기가 어렵겠어요.
　　　　　(바쁘면 약속을 취소하다)
　　학 생 : 바쁘면 약속을 취소할 수도 있어요.

2) 선 생 : 김 선생님이 어제 술자리에서 심한 농담을 했어요.
　　　　　(술에 취했으니까 그런 실수를 하다)
　　학 생 : 술에 취했으니까 그런 실수를 할 수도 있어요.

3) 선 생 : 한국사람들의 예절을 몰라서 당황할 때가 많아요.
　　　　　(한국에 온 지 얼마 되지 않았으니까 그렇다)
　　학 생 : 한국에 온 지 얼마 되지 않았으니까 그럴 수도 있어요.

4) 선 생 : 영준 씨가 잘못 해서 사장님께 꾸중을 들었대요.
　　　　　　(경험이 부족하면 실수하다)
　　학 생 : 경험이 부족하면 실수할 수도 있어요.

5) 선 생 : 어제 밤에 한잠도 못 잤어요. (잠자리가 바뀌면 그렇다)
　　학 생 : 잠자리가 바뀌면 그럴 수도 있어요.

29.4　D1

(보기) 선 생 : 성공 / 노력을 해야 얻을 수 있는 것입니다.
　　　　학 생 : 성공이란 노력을 해야 얻을 수 있는 것입니다.

1) 선 생 : 선진국 / 정치와 경제가 발달한 나라입니다.
　　학 생 : 선진국이란 정치와 경제가 발달한 나라입니다.

2) 선 생 : 전문가 / 하루 이틀에 만들어지는 게 아닙니다.
　　학 생 : 전문가란 하루 이틀에 만들어지는 게 아닙니다.

3) 선 생 : 자식을 잘 키웁니다 / 매우 어려운 일입니다.
　　학 생 : 자식을 잘 키우기란 매우 어려운 일입니다.

4) 선 생 : 배운 단어를 다 외웁니다 / 힘든 일입니다.
　　학 생 : 배운 단어를 다 외우기란 힘든 일입니다.

5) 선 생 : 사랑하는 사람과 헤어집니다 / 정말 괴로운 일입니다.
　　학 생 : 사랑하는 사람과 헤어지기란 정말 괴로운 일입니다.

29.4　D2

(보기) 선 생 : 동요가 뭐예요? (어린이를 위해서 만든 노래예요)
　　　　학 생 : 동요란 어린이를 위해서 만든 노래예요.

1) 선 생 : 떡국이 뭐예요?

　　　　　 (한국 사람들이 새해 첫 날에 먹는 음식이에요)

　학 생 : 떡국이란 한국 사람들이 새해 첫 날에 먹는 음식이에요.

2) 선 생 : 생신이 뭐예요? (생일의 높임말이에요)

　학 생 : 생신이란 생일의 높임말이에요.

3) 선 생 : 외국에서 살기가 힘들지요? (예 / 여간 힘든 일이 아니에요)

　학 생 : 예, 외국에서 살기란 여간 힘든 일이 아니에요.

4) 선 생 : 좋은 문장을 만들기가 어렵지요?

　　　　　 (예 / 보통 어려운 일이 아니에요)

　학 생 : 예, 좋은 문장을 만들기란 보통 어려운 일이 아니에요.

5) 선 생 : 성격이 까다로운 사람과 일하기가 괴롭지요?

　　　　　 (예 / 여간 괴로운 일이 아니에요)

　학 생 : 예, 성격이 까다로운 사람과 일하기란 여간 괴로운 일이 아니
　　　　　에요.

29.4   D3

　(보기) 선 생 : 사람의 마음을 쉽게 압니다.

　　　　 학 생 : 사람의 마음을 쉽게 알 수야 있나요?

1) 선 생 : 초대를 받았는데 안 갑니다.

　학 생 : 초대를 받았는데 안 갈 수야 있나요?

2) 선 생 : 개학날부터 학교에 늦게 갑니다.

　학 생 : 개학날부터 학교에 늦게 갈 수야 있나요?

3) 선 생 : 친구인데 의심합니다.

　학 생 : 친구인데 의심할 수야 있나요?

4) 선 생 : 교통신호를 어깁니다.
   학 생 : 교통신호를 어길 수야 있나요?

5) 선 생 : 모두가 일하는데 저만 놉니다.
   학 생 : 모두가 일하는데 저만 놀 수야 있나요?

29. 4 D4

(보기) 선 생 : 제 시간에 오셨군요. (졸업식에 늦다)
       학 생 : 졸업식에 늦을 수야 있나요?

1) 선 생 : 오늘 일을 많이 하셨군요. (많이 밀렸는데 안 하다)
   학 생 : 많이 밀렸는데 안 할 수야 있나요?

2) 선 생 : 그런 일에도 잘 참으시는군요. (어른 앞에서 화를 내다)
   학 생 : 어른 앞에서 화를 낼 수야 있나요?

3) 선 생 : 피곤하실텐데 그 부탁을 들어주셨군요.
            (친구의 부탁을 거절하다)
   학 생 : 친구의 부탁을 거절할 수야 있나요?

4) 선 생 : 바쁘실텐데 오셨군요. (선생님 결혼식에 제가 빠지다)
   학 생 : 선생님 결혼식에 제가 빠질 수야 있나요?

5) 선 생 : 오늘은 양복을 입으셨군요. (면접날인데 아무 옷이나 입다)
   학 생 : 면접날인데 아무 옷이나 입을 수야 있나요?

29. 5 D1

(보기) 선 생 : 저 / 집을 보라고 했어요.
       학 생 : 저보고 집을 보라고 했어요.

1) 선 생 : 미애 / 도서관에 같이 가자고 했습니다.
   학 생 : 미애보고 도서관에 같이 가자고 했습니다.

2) 선 생 : 저 아이 / 몇 살이냐고 물었습니다.
   학 생 : 저 아이보고 몇 살이냐고 물었습니다.

3) 선 생 : 죤슨 씨 / 그렇게 말을 하면 안 된다고 했습니다.
   학 생 : 죤슨 씨보고 그렇게 말을 하면 안 된다고 했습니다.

4) 선 생 : 그 친구 / 미안하다고 했습니다.
   학 생 : 그 친구보고 미안하다고 했습니다.

5) 선 생 : 누구 / 결석하지 말라고 했습니까?
   학 생 : 누구보고 결석하지 말라고 했습니까?

29.5 D2

(보기) 선 생 : 누구에게 도와 달라고 했어요? (영희)
       학 생 : 영희보고 도와 달라고 했어요.

1) 선 생 : 누구에게 점심을 같이 먹자고 했어요? (같은 반 친구)
   학 생 : 같은 반 친구보고 점심을 같이 먹자고 했어요.

2) 선 생 : 누구에게 사진기를 가져 오라고 했어요? (영철이)
   학 생 : 영철이보고 사진기를 가져 오라고 했어요.

3) 선 생 : 누구에게 이번 모임에 참석하지 못한다고 했어요? (박 선생님)
   학 생 : 박 선생님보고 이번 모임에 참석하지 못한다고 했어요.

4) 선 생 : 누구에게 세브란스병원이 어디냐고 물었어요? (지나가는 사람)
   학 생 : 지나가는 사람보고 세브란스병원이 어디냐고 물었어요.

5) 선 생 : 누구에게 그 연극이 보고 싶다고 했어요? (우리 언니)
   학 생 : 우리 언니보고 그 연극이 보고 싶다고 했어요.

29.5 D3

(보기) 선 생 : 모두 찬성합니다 / 나는 찬성할 수 없습니다.
       학 생 : 모두 찬성할지라도 나는 찬성할 수 없습니다.

1) 선 생 : 실패합니다 / 최선을 다해야 합니다.
   학 생 : 실패할지라도 최선을 다해야 합니다.

2) 선 생 : 그 사람이 사과합니다 / 나는 용서할 수 없습니다.
   학 생 : 그 사람이 사과할지라도 나는 용서할 수 없습니다.

3) 선 생 : 학생이 한 명밖에 없습니다 / 수업을 해야 합니다.
   학 생 : 학생이 한 명밖에 없을지라도 수업을 해야 합니다.

4) 선 생 : 다른 사람들은 믿지 않습니다 / 나는 믿었습니다.
   학 생 : 다른 사람들은 믿지 않을지라도 나는 믿었습니다.

5) 선 생 : 이렇게 가난하게 삽니다 / 남에게 폐를 끼치지 않겠습니다.
   학 생 : 이렇게 가난하게 살지라도 남에게 폐를 끼치지 않겠습니다.

29.5 D4

(보기) 선 생 : 주말에 같이 야외에 나가시겠어요? (바쁘다)
       학 생 : 예, 아무리 바쁠지라도 주말에 같이 야외에 나가겠어요.

1) 선 생 : 날마다 TV뉴스를 보고 자요? (피곤하다)
   학 생 : 예, 아무리 피곤할지라도 날마다 TV뉴스를 보고 자요.

2) 선 생 : 예의는 지켜야 하지요? (친하다)
   학 생 : 예, 아무리 친할지라도 예의는 지켜야 해요.

3) 선 생 : 그 사람이 마음에 안 들어요? (능력이 있다)
   학 생 : 예, 아무리 능력이 있을지라도 그 사람이 마음에 안 들어요.

4) 선 생 : 음악가가 되고 싶어요? (힘들다)
   학 생 : 예, 아무리 힘들지라도 음악가가 되고 싶어요.

5) 선 생 : 그 일을 꼭 하고 싶어요? (어렵다)
   학 생 : 예, 아무리 어려울지라도 그 일을 꼭 하고 싶어요.

제 30과

미풍양속

1

사람들마다 얼굴이 다르듯이 나라에도 여러가지 다른 풍습이 있다. 그 중에서도 아름답고 좋은 풍습은 미풍양속이라고 한다.

역사와 전통이 오래된 나라에는 어딘가 독특한 분위기가 있는데 이것은 아마도 생활 속에서 찾아 볼 수 있는 미풍과 양속 때문일 것이다.

한국의 미풍양속은 어른을 잘 모시고 이웃을 도와 주는 것이 대부분이다. 내 부모나 남의 부모를 똑같이 공경하고 새로 이사 온 이웃을 따뜻하게 대하고 관혼상제와 같은 큰일이 있을 때 서로 돕는 일들이 그것이다. 농사철이나 김장철에 품앗이를 하는 풍습은 이웃 돕기의 대표적인 것이라고 할 수 있다.

요즘은 빠른 속도로 사회가 변하고 사람들의 의식도 달라져서 좋은

미풍양속	a good and beautiful custom	독특하다	to be unique	대부분	on the whole
공경하다	to respect	관혼상제	ceremonial occasions
농사철	farming season	품앗이	*poom-ashi* (exchange of labor)
대표적이다	to be representative	속도	speed	의식	awareness

풍습이 사라지는 일이 있다. 안타까운 일이다. 하지만 한국 사람들은 여전히 이웃의 아픔을 같이 아파하고 이웃의 기쁨을 같이 기뻐한다. 풍속은 사라져도 풍속 속에 전해 오던 정신은 남아 있다. 사람은 바뀌어도 강산은 그대로 있는 것처럼……

다른 나라에 와서 사는 재미는 낯선 풍속을 경험하는 일이라고 할 수 있다. 호기심을 끄는 일이 많으면 많을수록 생활은 즐겁고 인상적이 된다.

나는 요즈음 몇 가지 새로운 재미가 생겼다. 그것은 한국 사람들의 생활 습관을 따라서 해 보는 일이다. 처음에는 재미 반 호기심 반으로 시작했다. 그러나 이런 일들이 좀 더 한국을 알고 한국 사람들을 이해하는 지름길이 될 것이라고 믿는다.

사라지다	to disappear	안타깝다	to be regretful	강산	nature
낯설다	to be unfamiliar	호기심	curiosity	끌다	to draw

②

은 영 : 두 손으로 공손히 받으시는 걸 보니 존슨 씨도 이젠 한국 사람이 다 되셨네요.

존 슨 : 저더러 한국 사람이 다 됐다고요? 그거 듣던 중 반가운 소리군요.

공손하다 to be polite

은　영 : 언제 그런 걸 다 배우셨어요?

존　슨 : 친구 집에 갔을 때마다 친구 어머님한테서 배웠어요. 존대말 까지도요. 그래서 한국에서는 어른과 아이에게 하는 말이 다 르다는 것도 알게 되었어요.

은　영 : 그러셨군요. 아주 보기가 좋습니다.

존　슨 : 그렇지만 아직 습관이 안돼서 모든 게 좀 어색해요.

어색하다　to be awkward

3

존　슨 : 한국에 와서 처음으로 버스를 탔을 때 일인데요. 앞에 앉은 아주머니가 제 가방을 잡아당겨서 깜짝 놀란 일이 있어요.

은　영 : 하하하, 도둑인 줄 알고 오해를 하셨군요.

존　슨 : 글쎄 제 가방을 빼앗는 줄 알았다니까요.

은　영 : 우린 노인이나 아이들에게 자리를 양보하거나 짐을 받아 주 는 일이 많아요.

존　슨 : 서로 믿기 때문이겠지요. 어려운 일을 보면 돕고 싶어하는 친절한 마음도 있고요.

은　영 : 잘 보셨어요. 제가 아는 외국인 친구도 요즘은 아주 자연스 럽게 남의 짐을 받아 주곤 한대요.

빼앗다　to snatch　　　　　　　양보하다　to give up

4

존 슨 : 한국의 젊은이들은 담배를 피우다가도 나이 드신 분이 오시
면 얼른 끄더군요. 술을 마실 때도 어른 앞에서는 몸을 옆으
로 돌리고요.

은 영 : 그렇게 하는 게 우리의 예절이랍니다. 그리고 옛부터 술 담
배는 어른 앞에서 배워야 한다는 말도 있어요.

존 슨 : 오늘 처음 알았습니다. 나라마다 생활 습관이 달라서 참 재
미있습니다.

은 영 : 존슨 씨, 내일은 '스승의 날'이라 좀 일찍 가야겠어요.
동창들한테 연락할 책임을 맡았거든요.

존 슨 : 선생님을 부모처럼 생각하는 것을 보니 저도 선생님이 되고
싶군요. 내일이라도 직업을 바꿔야겠어요. 하하하.

얼른	right away	끄다	to put out	몸	body
예절	manners	스승	teacher	책임	responsibility

5

은 영 : 올해도 귀성객이 굉장하네요. 여기 신문에 난 사진 좀 보세요.

존 슨 : 어디 좀 봅시다. 사람들이 꼬리에 꼬리를 물고 서 있군요.

귀성객	home-coming people	꼬리	tail	물다	to bite

서울 인구의 반은 되는 것 같습니다.

은　영 : 설날이나 추석 때가 되면 고향에 갈 표를 사느라고 고생이 많대요.

죤　슨 : 모두들 가족이나 친척들을 만나기 위해서 가는 거지요?

은　영 : 그런 이유도 있기는 해요. 그렇지만 성묘나 제사 때문에 가는 경우도 적지는 않을 거예요.

죤　슨 : 조상들을 위하는 풍습이 정말 놀랍습니다. 세계 각국에 여러 가지 풍습이 있지만 이거야말로 보기 드문 미풍일 겁니다.

인구　population　성묘　visiting one's ancestral grave　제사　performance the family rites

경우　occasion　조상　ancestors

Lesson 30

Public Morals

1

Just as everybody's face is different, countries, too, each have different customs. Of those customs that are good and beautiful are called Mipung Yangsok. In countries that have history and traditions that go way back there is a special atmosphere somehow. Maybe this is because beautiful and good customs can be found in the life of the people.

Korea's beautiful and good customs mostly have to do with taking care of our elders and helping our neighbors. Some of these are such things as showing respect to ones own parents and the parents of others, treating new neighbors warmly, and helping each other when big events happen in our life like coming of age, getting married, conducting ancestor worship ceremonies etc. The exchange of labor at planting season or at kimchi making time is an example of the custom of helping one's neighbor.

With society changing so rapidly lately and people's way of thinking changing some good customs are disappearing. This is regretable. However, Koreans empathise with people who are in pain and feel happy when others are happy. Even if the custom disappears the spirit inside the custom remains. As the saying goes people change but the rivers and mountains remain the same.

One can say that to live in a foreign country is to experience interesting and unfamiliar customs. The more things there are to be curious about the more fun and impressive life is.

Lately I have come to enjoy several new things. I've been trying to follow the life style and customs of the Korean people. At first it was half out of curiosity and half for fun. But I think that this will be a shortcut to learning more about Korea and the Korean people.

2

Eun-young : Seeing the way that you use two hands to respectfully recieve things I think you have become a Korean

Johnson : You're saying that I have become a Korean. That is good news.

Eun-young : When did you learn all these things?

Johnson : Everytime I went to my friend's house I learned them from his mother. I also learned respectful language. I learned that in Korea you speak differently to adults and children.

Eun-young : Is that right? That's great.

Johnson : But these things still haven't become habits so I am still a bit awkward.

3

Johnson : This happened when I first came to Korea and rode the bus. I was very shocked when the lady sitting in front of me grabbed my bag and pulled it.

Eun-young : Ha Ha Ha. You misunderstood and thought she was trying to steal it.

Johnson : Well, I did think that she was trying to take my bag.

Eun-young : We do a lot of things like giving our seats to old people or children and holding people's packages.

Johnson : It's because you can trust each other. You also are friendly and like to help people that are having a hard time.

Eun-young : You have observed well. Several of my foreign friends say that lately they are holding people's packages for them.

4

Johnson : When Korean young people are smoking and an older person comes they quickly put out their cigarette. When they are drinking too they turn away in front of their elders.

Eun-young : Yes, those kind of things we call manners. And since ancient times there has been the saying that one has to learn how to drink and smoke properly in front of ones elders.

Johnson : Today is the first time I have heard that. Everyday is so interesting because the customs are so different.

Eun-young : Mr. Johnson, tomorrow is "teacher's day" so I have to leave early. I've been made responsible for contacting all of my classmates.

Johnson : When I see how teachers are thought of almost as parents it almost makes me want to become a teacher. Maybe I should change my occupation tomorrow. Ha Ha Ha.

5

Eun-young : There are a lot of people going home this year too. Look at this picture that is in the paper.

Johnson : Where? Let me see. Oh, they're standing there all lined up. It looks like half of the population of Seoul.

Eun-young : On New Years and Chusok people go through a lot of trouble to buy tickets to go to their home town.

Johnson : Everyone is going to meet their family and relatives, right?

Eun-young : That is one reason but a lot go to visit their ancestral graves and perform the family rites.

Johnson : Customs for one's ancestors are really surprising to me. A many countries have customs but this is really a rare example of a beautiful custom.

문 법

30. 1 G1 -어하다

• This auxiliary verb changes a descriptive verb into a action verb. In some sentences the verb requires an object and in others it does not.

예: 그 아이는 고양이를 얼마나
귀여워하는지 몰라요.

I can't tell you how much that child loves cats.

학생들이 한국 영화를 보고
싶어하는데요.

The students want to watch Korean movies.

여러분들이 재미있어하는 게
뭐예요?

What do you like to do?

식사 후에 설거지하는 걸
싫어해요.

I hate to do the dishes after I eat.

밥 먹는데 일어난다고 날
미워하지 마.

Please don't hate me because I have to leave (our meal) early.

그는 잠을 못 자서 피곤해 해요.

He acts tired because he didn't sleep.

부모님을 뵈니까 반가워하시지?

Your parents acted like they were glad to see you, right?

내가 떠나오니까 사람들이 섭섭해
하는 것 같았어요.

People seemed to act sad when I left.

저 사람은 인도에서 와서 그런지
꽤 추워해.

Maybe it's because she is from India but she acts like she is quite cold.

네가 즐거워하는 모습을 보니까   I am glad to see you acting happy.
좋구나.

30. 1 G2   -듯이

• This conjunctive ending is attached to verb stems and indicates that the action or condition stated in the following clause is similar to the action or condition stated in the preceding clause. This form is usually used for a figurative speech.

예: 물 쓰듯이 돈을 쓴다.   He spends money like water.

비 오듯이 땀이 흐릅니다.   He sweats like a pig. (Sweat falls down from my face like the rain.)

님 보듯이 나를 반긴다.   He is delighted to see me as if he saw his love.

밥 먹듯이 거짓말을 하는구나.   You tell a lie habitually. (You lie the same amount of times as you eat your meal.)

생긴 것이 다르듯이 생각도   Everyone differs in thinking as in looks.
달라요.

30. 2 G1   -더러

• This particle is attached to persons and is similar to the particle 에게. It is used with verbs like 말하다, 묻다, 부탁하다, 욕하다 etc. It is used a lot in spoken language and is not used when on nouns where an honorific form should be used. (see 29. 5 G1)

예: 저 사람이 우리더러 욕하는   It looks like that person is swearing at us.
것 같아요.

운전수더러 천천히 가 달라고 부탁하세요.	Please ask the driver to go slowly.
누구더러 반말이야?	Don't you talk to me so rudely! (Lit: Who are you talking to so rudely!)
네가 가지 말고 그 아이더러 오라고 해.	Don't you go. Tell that child to come here.
모르는 게 있으면 옆 사람더러 물어 봐요.	If you don't know something ask the person next to you.

30. 3 G1 -(ㄴ/는)다니까요

• This is a final ending which combines the quote form -(ㄴ/는)다고하다 and -(으)니까요. It is used to emphasize that something the speaker has heard or knows is the cause or reason for something.

예:	가: 우산 안 가지고 가도 되지요?	a: It's OK to not take an umbrella right?
	나: 비가 온다니까요.	b: I told you it's raining.
	가: 짧은 바지 좀 입어 봐.	a: Try on those shorts.
	나: 나한테는 안 어울린다니까요.	b: I told you I don't look good in shorts!
	가: 일이 끝났으면 빨리 퇴근합시다.	a: If you're finished then let's hurry and go home.
	나: 아직도 할 일이 남았다니까요.	b: I told you I still have some things to do.
	가: 이것 네 거지?	a: This is your's right?
	나: 내 거가 아니라니까.	b: I said it wasn't mine!
	가: 급히 먹다가 체했어요.	a: I ate so fast I have a stomach ache.
	나: 그것 보라니까. 천천히	b: See! I told you not to eat too fast.

먹으라고 하지 않았어?

30. 3 G2 -곤 하다

• This form is attached to an action verb and shows that the action has been repeated several times

예: 나는 심심할 때는 혼자 영화관에   I used go to the movie theater alone when
가곤 했어요.   I was bored.

그는 눈만 뜨면 담배를 피우곤   I hate the way he usually smokes as
해서 싫어요.   soon as he wakes up.

영수는 가끔 나한테 점심을   Young-su occasionally buys me lunch.
사 주곤 해요.

그 비서가 요즘에는 웬일인지   I don't know why but that secretary seems
자주 화를 내곤 해.   to get mad a lot lately.

우리집에 자주 오곤 하던 사람이   The person who used to come to our house
요즘에는 통 안 와요.   a lot now does't come at all.

30. 4 G1 -다가도

• By combining the conjunctive ending -다가 and the emphasis particle -도 this form
shows that the action in the second clause is added without completing the action in
the first clause.

예: 그 말을 생각하면 자다가도   When I think of what he said I laugh even
웃음이 나요.   in my sleep.

기분이 좋다가도 나빠질 수가 있어요.	Even if you're in a good mood you can get upset.
돈은 있다가도 없고 없다가도 생기는 겁니다.	With money first you have it and then you don't then you don't have it and some turns up.
말을 잘 하다가도 선생님만 보면 왜 말을 못하니?	You speak so well why can't you talk in front of the teacher?
일이 잘 되다가도 안 될 때가 있어요.	Even when things are going well something can go wrong.

유형 연습

30.1 D1

(보기) 선 생 : 학생들 / 피곤합니다.
학 생 : 학생들이 피곤해합니다.

1) 선 생 : 영희 / 슬픕니다.
학 생 : 영희가 슬퍼합니다.

2) 선 생 : 여학생들 / 부끄럽습니다.
학 생 : 여학생들이 부끄러워합니다.

3) 선 생 : 민수 / 고전음악이 좋습니다.
학 생 : 민수가 고전음악을 좋아합니다.

4) 선 생 : 관객들 / 그 연극이 지루합니다.
학 생 : 관객들이 그 연극을 지루해합니다.

5) 선 생 : 제 동생 / 장난감을 사고 싶습니다.
학 생 : 제 동생이 장난감을 사고 싶어합니다.

30.1 D2

(보기) 선 생 : 아이들이 뭘 먹고 싶어합니까? (초콜릿)
학 생 : 아이들이 초콜릿을 먹고 싶어합니다.

1) 선 생 : 스미스 씨는 어떤 음식을 싫어합니까? (맵고 짠 음식)
학 생 : 스미스 씨는 맵고 짠 음식을 싫어합니다.

2) 선 생 : 학생들이 뭘 제일 어려워합니까? (듣기)

　 학 생 : 학생들이 듣기를 제일 어려워합니다.

3) 선 생 : 학생들이 뭘 궁금해합니까? (지난 학기 성적)

　 학 생 : 학생들이 지난 학기 성적을 궁금해합니다.

4) 선 생 : 학생들이 어떤 놀이를 재미있어합니까? (윷놀이)

　 학 생 : 학생들이 윷놀이를 재미있어합니다.

5) 선 생 : 할머니가 누구를 귀여워합니까? (손녀)

　 학 생 : 할머니가 손녀를 귀여워합니다.

30. 2　D1

(보기) 선 생 : 그 학생이 이해한 것 같아요? (고개를 끄덕이다)

　　　 학 생 : 고개를 끄덕이는 걸 보니까 그 학생이 이해한 것 같아요.

1) 선 생 : 친구가 시험을 잘 본 것 같아요? (웃고 있다)

　 학 생 : 웃고 있는 걸 보니까 친구가 시험을 잘 본 것 같아요.

2) 선 생 : 정 선생님이 화가 난 것 같아요? (말을 한 마디도 안 하다)

　 학 생 : 말을 한 마디도 안 하는 걸 보니까 정 선생님이 화가 난 것 같아요.

3) 선 생 : 스즈끼 씨에게 급한 일이 생긴 것 같아요? (오늘 약속을 취소하다)

　 학 생 : 오늘 약속을 취소하는 걸 보니까 스즈끼 씨에게 급한 일이 생긴 것 같아요.

4) 선 생 : 그 식당 음식이 맛이 있는 것 같아요? (항상 손님이 많다)

　 학 생 : 항상 손님이 많은 걸 보니까 그 식당 음식이 맛이 있는 것

같아요.

5) 선 생 : 아직도 밖에 비가 오는 것 같아요? (사람들이 우산을 쓰고
있다)

　　학 생 : 사람들이 우산을 쓰고 있는 걸 보니까 아직도 밖에 비가 오는
것 같아요.

30. 2 D2

(보기) 선 생 : 옆에 있는 사람 / 조용히 하십시오.

　　　학 생 : 옆에 있는 사람더러 조용히 하라고 했습니다.

1) 선 생 : 친구 / 약속을 지키십시오.

　　학 생 : 친구더러 약속을 지키라고 했습니다.

2) 선 생 : 직원들 / 결근을 하지 마십시오.

　　학 생 : 직원들더러 결근을 하지 말라고 했습니다.

3) 선 생 : 옆에 있는 남학생 / 담배를 피우지 마십시오.

　　학 생 : 옆에 있는 남학생더러 담배를 피우지 말라고 했습니다.

4) 선 생 : 안내원 / 그 장소에 대해서 설명을 해 주십시오.

　　학 생 : 안내원더러 그 장소에 대해서 설명을 해 달라고 했습니다.

5) 선 생 : 호텔 종업원 / 이 짐을 들어 주십시오.

　　학 생 : 호텔 종업원더러 이 짐을 들어 달라고 했습니다.

30. 2 D3

(보기) 선 생 : 누구에게 이 방을 청소하라고 했어요? (딸 아이)

　　　학 생 : 딸 아이더러 이 방을 청소하라고 했어요.

1) 선 생 : 누구에게 사회를 보라고 했어요? (영호)
   학 생 : 영호더러 사회를 보라고 했어요.

2) 선 생 : 누구에게 심부름을 하라고 했어요? (순미)
   학 생 : 순미더러 심부름을 하라고 했어요.

3) 선 생 : 누구에게 아기를 봐 달라고 했어요? (제 동생)
   학 생 : 제 동생더러 아기를 봐 달라고 했어요.

4) 선 생 : 누구에게 음료수를 사 오라고 했어요? (철수)
   학 생 : 철수더러 음료수를 사 오라고 했어요.

5) 선 생 : 누구에게 편지를 부쳐 달라고 했어요? (지애)
   학 생 : 지애더러 편지를 부쳐 달라고 했어요.

30.3 D1

(보기) 선 생 : 가게 문이 닫혔습니다.
       학 생 : 가게 문이 닫혔다니까요.

1) 선 생 : 지금 바빠서 갈 수 없습니다.
   학 생 : 지금 바빠서 갈 수 없다니까요.

2) 선 생 : 그분이 의사 선생님입니다.
   학 생 : 그분이 의사 선생님이라니까요.

3) 선 생 : 집에 오자마자 숙제부터 하십시오.
   학 생 : 집에 오자마자 숙제부터 하라니까요.

4) 선 생 : 과음하지 마십시오.
   학 생 : 과음하지 말라니까요.

5) 선 생 : 학교 앞에서 만납시다.
   학 생 : 학교 앞에서 만나자니까요.

30. 3 D2

(보기) 선 생 : 그 사람을 다시 만나 보도록 하세요. (성격이 안 맞다)
       학 생 : 성격이 안 맞는다니까요.

1) 선 생 : 오늘 저녁에 시간 있어요? (오늘은 하루종일 바쁘다)
   학 생 : 오늘은 하루종일 바쁘다니까요.

2) 선 생 : 이제 그만하고 같이 나갑시다. (아직 일이 안 끝났다)
   학 생 : 아직 일이 안 끝났다니까요.

3) 선 생 : 이 엘리베이터 안 돼요? (계단으로 올라갑시다)
   학 생 : 계단으로 올라가자니까요.

4) 선 생 : 시험이 언제지요? (다음 주 목요일)
   학 생 : 다음 주 목요일이라니까요.

5) 선 생 : 그 음식점은 갈 때마다 불쾌해요. (거긴 가지 마십시오)
   학 생 : 거긴 가지 말라니까요.

30. 3 D3

(보기) 선 생 : 곤란한 문제가 있을 때는 박 선생님을 만납니다.
       학 생 : 곤란한 문제가 있을 때는 박 선생님을 만나곤 합니다.

1) 선 생 : 요즘 할 일이 많아서 밤을 새웁니다.
   학 생 : 요즘 할 일이 많아서 밤을 새우곤 합니다.

2) 선 생 : 스트레스가 쌓일 때는 음악을 듣습니다.
   학 생 : 스트레스가 쌓일 때는 음악을 듣곤 합니다.

3) 선 생 : 한국음식이 먹고 싶으면 그 친구 집에 갔습니다.
   학 생 : 한국음식이 먹고 싶으면 그 친구 집에 가곤 했습니다.

4) 선 생 : 어렸을 때 이곳에서 수영을 했습니다.
   학 생 : 어렸을 때 이곳에서 수영을 하곤 했습니다.

5) 선 생 : 가족이 그리워지면 사진을 보았습니다.
   학 생 : 가족이 그리워지면 사진을 보곤 했습니다.

30.3 D4

(보기) 선 생 : 시간이 나면 뭘 하세요? (테니스를 치다)
       학 생 : 시간이 나면 테니스를 치곤 해요.

1) 선 생 : 심심하면 뭘 하세요? (공원에 가서 가벼운 운동을 하다)
   학 생 : 심심하면 공원에 가서 가벼운 운동을 하곤 해요.

2) 선 생 : 우울할 때는 뭘 하세요? (기타를 치면서 노래를 부르다)
   학 생 : 우울할 때는 기타를 치면서 노래를 부르곤 해요.

3) 선 생 : 아기가 잠을 자면 그동안 뭘 하세요? (밀린 일을 하다)
   학 생 : 아기가 잠을 자면 그동안 밀린 일을 하곤 해요.

4) 선 생 : 결혼하기 전에 데이트를 할 때 주로 뭘 하셨어요?
           (야외로 드라이브를 갔다)
   학 생 : 결혼하기 전에 데이트를 할 때 주로 야외로 드라이브를 가곤
           했어요.

5) 선 생 : 휴가 때는 뭘 하셨어요? (읽고 싶었던 책을 읽었다)
   학 생 : 휴가 때는 읽고 싶었던 책을 읽곤 했어요.

30.4　D1

(보기) 선 생 : 학생들이 떠듭니다 / 선생님이 오시면 조용해집니다.
　　　　학 생 : 학생들이 떠들다가도 선생님이 오시면 조용해집니다.

1) 선 생 : 돈은 없습니다 / 생길 수 있다고 합니다.
　　학 생 : 돈은 없다가도 생길 수 있다고 합니다.

2) 선 생 : 몇 년쯤 인기가 있습니다 / 사라지는 가수들이 많습니다.
　　학 생 : 몇 년쯤 인기가 있다가도 사라지는 가수들이 많습니다.

3) 선 생 : 혼자 노래를 잘 부릅니다 / 사람들이 많으면 잘 못 부릅니다.
　　학 생 : 혼자 노래를 잘 부르다가도 사람들이 많으면 잘 못 부릅니다.

4) 선 생 : 밥을 잘 먹습니다 / 시험 때가 되면 식욕이 없어집니다.
　　학 생 : 밥을 잘 먹다가도 시험 때가 되면 식욕이 없어집니다.

5) 선 생 : 아기가 잘 놉니다 / 엄마가 안 보이면 웁니다.
　　학 생 : 아기가 잘 놀다가도 엄마가 안 보이면 웁니다.

30.4　D2

(보기) 선 생 : 아이들이 그 장난감을 참 좋아하나봐요
　　　　　　　 (아이들이 울다 / 그 장난감을 보면 울음을 그치다)
　　　　학 생 : 아이들이 울다가도 그 장난감을 보면 울음을 그쳐요.

1) 선 생 : 밥맛이 없어요? (밥맛이 있다 / 그 일만 생각하면 소화가 안
　　　　　 되다)
　　학 생 : 밥맛이 있다가도 그 일만 생각하면 소화가 안 돼요.

2) 선 생 : 저 선수가 오늘은 잘 하는군요. (보통 때는 잘 못 하다 / 중요한
　　　　　 경기에서는 잘 하다)

학 생 : 보통 때는 잘 못 하다가도 중요한 경기에서는 잘 해요.

3) 선 생 : 이 물건이 요즘 안 팔려요? (이런 제품은 잘 팔리다 / 신제품
이 나오면 인기가 없어지다)

학 생 : 이런 제품은 잘 팔리다가도 신제품이 나오면 인기가 없어져요.

4) 선 생 : 그 가수가 인기가 참 좋은가봐요. (사람들이 조용하다 / 그 가
수만 나오면 소리를 지르다)

학 생 : 사람들이 조용하다가도 그 가수만 나오면 소리를 질러요.

5) 선 생 : 저분이 무서운가봐요. (평소에는 잘 웃다 / 한 번 화가 나면 무
섭다)

학 생 : 평소에는 잘 웃다가도 한 번 화가 나면 무서워요.

30.4 D3

(보기) 선 생 : 회의가 내일인데 왜 연락이 없지요? (회의가 연기되다)
학 생 : 회의가 연기된다는 말이 있어요.

1) 선 생 : 경수 씨가 요즘 매우 바쁜 모양이죠? (다음 달에 결혼하다)
학 생 : 다음 달에 결혼한다는 말이 있어요.

2) 선 생 : 컴퓨터로 오래 일을 하니까 머리가 아프군요.
(전자파가 건강에 나쁘다)
학 생 : 전자파가 건강에 나쁘다는 말이 있어요.

3) 선 생 : 시험을 보는 날인데 왜 학교에 안 오죠? (병원에 입원했다)
학 생 : 병원에 입원했다는 말이 있어요.

4) 선 생 : 친구한테서 편지를 받은 지가 오래 되었어요. (무소식이 희소
식이다)
학 생 : 무소식이 희소식이라는 말이 있어요.

5) 선 생 : 공부를 잘 하던 학생이 대학시험에 떨어졌대요. (원숭이도 나
　　　　　무에서 떨어지다)

　　학 생 : 원숭이도 나무에서 떨어진다는 말이 있어요.

30.5 D1

(보기) 선 생 : 이틀 전부터 목이 아파요. (목이 부었다)

　　　　학 생 : 어디 좀 봅시다. 목이 부었군요.

1) 선 생 : 우리 가족 사진을 가져왔어요. (동생이 참 잘 생겼다)

　　학 생 : 어디 좀 봅시다. 동생이 참 잘 생겼군요.

2) 선 생 : 냉장고에서 이상한 소리가 나요. (고장이 났다)

　　학 생 : 어디 좀 봅시다. 고장이 났군요.

3) 선 생 : 이 세탁기가 돌아가지 않는데요. (플러그가 빠져 있다)

　　학 생 : 어디 좀 봅시다. 플러그가 빠져 있군요.

4) 선 생 : 제가 만든 문장인데 어때요? (맞춤법이 좀 틀렸다)

　　학 생 : 어디 좀 봅시다. 맞춤법이 좀 틀렸군요.

5) 선 생 : 이 아이가 제 딸이에요. (아버지를 많이 닮았다)

　　학 생 : 어디 좀 봅시다. 아버지를 많이 닮았군요.

30.5 D2

(보기) 선 생 : 학생들이 외국어 특강을 많이 듣네요. (취직하다)

　　　　학 생 : 취직하기 위해서 듣는 거지요?

1) 선 생 : 길에 모래를 뿌리는군요. (사고를 예방하다)

　　학 생 : 사고를 예방하기 위해서 뿌리는 거지요?

2) 선 생 : 돼지고기에는 마늘과 생강을 넣어요. (냄새를 없애다)
   학 생 : 냄새를 없애기 위해서 넣는 거지요?

3) 선 생 : 가족 사진을 찍었어요. (아버지 환갑을 기념하다)
   학 생 : 아버지 환갑을 기념하기 위해서 찍은 거지요?

4) 선 생 : 어제 한복을 샀어요. (설날에 입다)
   학 생 : 설날에 입기 위해서 산 거지요?

5) 선 생 : 적금을 들었어요. (결혼 비용을 마련하다)
   학 생 : 결혼 비용을 마련하기 위해서 든 거지요?

30. 5 D3

(보기) 선 생 : 학비를 마련하기 위해서 아르바이트를 하는 거지요?
              (경험을 쌓기 위해서 하다)
       학 생 : 그런 이유도 있기는 해요. 그렇지만 경험을 쌓기 위해서
              하는 경우도 있어요.

1) 선 생 : 학생들이 한국말을 배우기 위해서 한국에 온 거지요? (새로운
          생활을 해 보기 위해서 오다)
   학 생 : 그런 이유도 있기는 해요. 그렇지만 새로운 생활을 해 보기
          위해서 오는 경우도 있어요.

2) 선 생 : 예쁘게 보이기 위해서 화장을 하는 거지요? (자기 만족을 위
          해서 하다)
   학 생 : 그런 이유도 있기는 해요. 그렇지만 자기 만족을 위해서 하는
          경우도 있어요.

3) 선 생 : 집을 사기 위해서 돈을 모으는 거지요? (아이들 교육을 위해
          서 모으다)

    학 생 : 그런 이유도 있기는 해요. 그렇지만 아이들 교육을 위해서 모
            으는 경우도 있어요.

4) 선 생 : 시간을 절약하기 위해서 인스턴트 식품을 먹는 거지요? (편해
            서 먹다)

    학 생 : 그런 이유도 있기는 해요. 그렇지만 편해서 먹는 경우도 있어
            요.

5) 선 생 : 경험을 넓히기 위해서 외국 여행을 가는 거지요? (일 때문에
            가다)

    학 생 : 그런 이유도 있기는 해요. 그렇지만 일 때문에 가는 경우도
            있어요.

단 어 색 인

〈ㅇ〉

〈ㅋ〉

〈ㅊ〉

〈ㅌ〉

문 법 색 인

한 국 어 3

초판 1993년 6월 19일
10판 2001년 1월 20일

저　자 : 연세대학교 한국어학당 편
발　행 : 연 세 대 학 교　출 판 부

서울특별시 서대문구 신촌동 134
전　　화 : 392-6201
　　　　　　2123-3380～2
F A X : 393-1421
e-mail : ysup@yonsei.ac.kr
http://www.yonsei.ac.kr/press
등　　록 : 1955년 10월 13일 제9-60호
- -
인　쇄 : 용 지 인 쇄 주 식 회 사

ISBN 89-7141-358-1 93710　　　정가 11,500원